RETOS DOCENTES: LA LECTURA TRIMESTRAL

Una propuesta educativa a través de proyectos innovadores

Laura Gutiérrez García

RETOS DOCENTES: LA LECTURA TRIMESTRAL

Una propuesta educativa a través de proyectos innovadores

Desclée De Brouwer

© EDITORIAL DESCLÉE DE BROUWER S. A., 2025
Henao, 6 - 48009 Bilbao
www.edesclee.com
info@edesclee.com
Twitter: @EdDesclee

Impreso en España –
ISBN: 978-84-330-3967-5
Depósito Legal: BI-1171-2025
Impresión: Grafo S. A. - Basari

A Félix, por confiar en mí y brindarme una oportunidad que supondría un cambio en mi carrera profesional.
Por ser fuente siempre de sabiduría e inspiración profesional, espejo donde deseo mirarme.

A @lasdelengua, por compartir proyectos, inquietudes y locuras profesionales.

A mi familia y amigas, por animarme y ver en mí lo que ni yo soy capaz. Por su amor infinito e incondicional.

Y, en especial, a mis alumnos, porque son el alma de estos proyectos y los que dan sentido a la palabra profesora.

Índice

Introducción

No es el más fuerte de las especies el que sobrevive,
tampoco es el más inteligente el que sobrevive.
Es aquel que es más adaptable al cambio.

—C. Darwin

Llevo trabajando como profesora de Lengua Castellana y Literatura desde hace más de quince años y, como navegante de este vasto océano del conocimiento literario, debo afirmar que ha sido una travesía marcada por desafíos y descubrimientos en la implementación de la lectura trimestral. A lo largo de mi carrera, he sido testigo directo de cómo esta práctica educativa es crucial para cultivar en los estudiantes la comprensión, el análisis crítico y la apreciación por la palabra escrita. En el corazón de esta travesía se encuentra la lectura trimestral, un faro que ilumina el camino hacia la comprensión profunda, el pensamiento crítico y la imaginación desbordante.

La implementación efectiva de la lectura trimestral se erige como uno de los desafíos más prominentes para los que nos dedicamos a la enseñanza de la lengua y la literatura. Desde la selección de textos relevantes y enriquecedores hasta la evaluación del progreso de los estudiantes, los docentes nos encontramos ante un panorama complejo que requiere habilidad, dedicación y creatividad para lograr nuestra meta con éxito. Asimismo, en España, el gusto por la lectura entre los adolescentes es un tema que nos preocupa mucho en los últimos años puesto que hay una parte significativa de estos que no muestra interés por la misma. Para llegar a ellos, hay que desprenderse de las capas que nos da nuestra edad adulta, situándonos en su contexto actual, entendiendo lo que a ellos les preocupa y motiva, pero, sobre todo, escuchándolos. Ellos, en primera persona, son los mejores embajadores de sus inquietudes. No podemos impartir sesiones magistrales como a las que asistíamos nosotros de alumnos. Es un rotundo fracaso. Hay que dejarse atrapar por ellos para conocerlos en profundidad puesto que será la clave a la hora de programar nuestro trabajo.

Además, la diversidad de intereses y habilidades en el aula añade una capa adicional de complejidad en esta tarea. Los profesores debemos encontrar el equilibrio entre desafiar a los estudiantes con textos que amplíen sus horizontes y respetar sus diferentes niveles de competencia lectora. He tenido que adaptar mi enfoque pedagógico para satisfacer las necesidades individuales de cada estudiante, proporcionando un ambiente de aprendizaje inclusivo donde todos puedan prosperar.

No podemos obviar la presión constante a la que el profesorado está sometido; estándares académicos y curriculares, situaciones de aprendizaje que hay que preparar… A menudo, todo esto limita la libertad de elección de los profesionales quienes debemos encontrar formas innovadoras de integrar la lectura trimestral en el programa educativo. Enfrentar esta dualidad ha sido un ejercicio de equilibrio entre la creatividad y la responsabilidad profesional.

Sin embargo, cada desafío ha sido una oportunidad para crecer y aprender. He descubierto que la colaboración con colegas, la exploración de nuevas metodologías y el enfoque en el desarrollo integral de mis estudiantes son pilares fundamentales para superar los retos docentes en el ámbito de la lectura trimestral.

En este análisis de los retos docentes en el ámbito de la lectura trimestral, nos sumergimos en las profundidades del aula de Lengua

Castellana y Literatura. Desde la planificación meticulosa de las unidades didácticas hasta la implementación de estrategias pedagógicas innovadoras. Abordando estos desafíos con determinación y creatividad, he podido transformarlos en oportunidades para inspirar, motivar y empoderar a mis alumnos en su viaje literario. Sirva este abanico de propuestas como punto de partida a aquellos docentes que aún se acercan a la digitalización con cautela, pues se abre un mundo de posibilidades con éxito asegurado sin que conlleve el menosprecio en el aprendizaje de las destrezas básicas del alumno. No son propuestas inamovibles sino todo lo contrario; flexibles y dinámicas. Cambia lo que creas oportuno; añade aquello que te ronda en tu cabeza o tacha sin miedo lo que sientas innecesario. Lo más importante es que hagas tuyas estas propuestas en diferentes versiones actualizadas para que las integres cómodamente como parte de tu trabajo.

Únete a mí mientras comparto las lecciones aprendidas y exploramos juntos las corrientes y mareas de la lectura trimestral en el aula. A través de las diferentes propuestas y experiencias que describo en los próximos capítulos, pretendo únicamente animaros en el camino hacia un futuro donde la lectura se convierta en un faro de esperanza y conocimiento para las generaciones venideras.

1

¿Cuál es el papel del docente en el desafío que supone la lectura trimestral?

El papel del docente es crucial en el reto de la lectura trimestral por diferentes razones que son importantes para compartir en este libro pensado por y para los profesores no solo de Lengua Castellana y Literatura, sino también, para aquellos que buscan dar un enfoque innovador al aula independientemente de la materia o disciplina que imparten puesto que el motor común debe ser el cambio y la necesidad de acortar distancia con nuestro alumnado que cada vez presenta una brecha mayor con los estudios reglados obligatorios. No podemos seguir impartiendo sesiones magistrales diariamente; día tras día, idénticas a las que nos daban a nosotros mismos como alumnos hace treinta años. Las necesidades e inquietudes de los adolescentes actuales poco o nada tienen que ver con las de aquella época. Seguir anclados en el pasado solo aumenta la distancia entre el profesor y el alumno.

Esta reflexión compartida en el párrafo anterior fue el impulso que tomé para crear hace unos años el perfil @lasdelengua en redes sociales junto a tres compañeras y grandes amigas de la universidad. Todas somos profesoras de Lengua Castellana y Literatura en la Región de Murcia, España. Sentíamos la necesidad de acercar nuestra materia al alumnado y hacer comunidad entre profesores. Necesitábamos conectar con los alumnos de forma distinta, acercándonos a sus inquietudes, despertando en ellos el interés por el estudio de la lengua y la literatura ya que, como muchos sabréis, se les hace cuesta arriba con frecuencia. Nuestro objetivo era abrir nuestra aula más allá de las paredes físicas del instituto y acercarnos a sus intereses, sus preocupaciones para, a partir de ahí, diseñar nuestra línea de trabajo. Decidimos romper la cuarta pared del aula y que, en sus tiempos de ocio, lejos del centro educativo, siguiera presente la materia de Lengua y Literatura, pero de una forma divertida, entretenida, dinámica, visual y desenfadada. Lo que queríamos, sobre todo, es que no les provocara rechazo. Así, se acercarían al conocimiento sin proponérselo, indirectamente. Como una alternativa más entre los perfiles que visitan diariamente en sus redes. Desde entonces, no hemos parado de crecer. Les compartimos materiales que son muy útiles con un diseño atractivo, cercano y conciso. Nos acompañan desde nuestros inicios y nuestros logros son siempre compartidos con ellos porque son nuestra fuente de inspiración y trabajo.

Pero eso fue solo el principio. Por otro lado, las redes sociales nos han brindado un espacio precioso donde compartir, comentar, mejorar materiales... entre docentes. Esto ha supuesto una oportunidad para conocer a muchos profesores con inquietudes, intereses y preocupaciones como nosotras. Comprometidos con la educación de nuestros adolescentes y rebosantes de energía. @Lasdelengua ha supuesto una doble oportunidad, un camino bidireccional que fomenta, por un lado, el poder contar con un repositorio de recursos disponibles para todos y, por otro, hacer comunidad con la que mejoramos continuamente. Hay una retroalimentación continua de materiales y experiencias. Hemos desarrollado una filosofía colaborativa puesto que el conocimiento está distribuido a lo largo de una red de conexiones que permiten que el aprendizaje consista en la habilidad de construir y atravesar esas redes puesto que hoy, más que nunca, vivimos conectados. Esta vertiente de @lasdelengua se ha ido consolidando en el tiempo como un pilar fundamental que se ha materializado en estas páginas donde incluimos nuestra experiencia docente con la lectura trimestral. Ninguna nos habíamos podido imaginar en nuestros comienzos, que íbamos a vivir tantas experiencias bonitas y enriquecedoras como docentes en torno a @lasdelengua.

¿Cuál es el papel del docente en el desafío que supone la lectura trimestral?

María Cristina Davini recoge en su libro *Métodos de enseñanza. Didáctica general para maestros y profesores* que *a mayor educación del maestro, mayor será el beneficio en el proceso de desarrollo educativo y cognitivo del alumno*. Y es ahí donde reside la clave. Nosotros, como profesores, debemos seguir aprendiendo, pensando, creando por y para los alumnos. En este estudio, podréis encontrar recursos que no son exclusivamente míos, de @lasdelengua, sino materiales ya existentes que nosotras les hemos dado forma a través de diferentes apps para hacerlos atractivos cuando los presentamos en el aula. Todos han sido empleados con gran éxito y de ahí que me haya animado a compartirlos con vosotros.

Los docentes sabemos que somos responsables de seleccionar textos apropiados y accesibles para los estudiantes, teniendo en cuenta sus intereses, niveles de competencia lectora y diversidad cultural. Además, no se nos puede olvidar que guiamos a los estudiantes a través de la comprensión profunda de los textos, fomentando la reflexión y el análisis crítico. Sin darnos cuenta, desempeñamos un papel fundamental para motivarlos a participar activamente en la lectura trimestral. Utilizando estrategias pedagógicas innovadoras, discusiones en grupo, actividades interactivas y proyectos creativos podemos despertar su interés y compromiso con los textos asignados.

No podemos olvidarnos de que cada estudiante es único. No todos comparten el mismo estilo de aprendizaje, intereses o habilidades. De ahí que los docentes debamos adaptar nuestro enfoque pedagógico a dichas necesidades para satisfacerlas, brindándoles apoyo adicional a aquellos que lo necesiten y desafiando a los que están listos para avanzar. Además, los proyectos en torno a las lecturas son siempre un mecanismo de creatividad para el alumno en los que se les permite desarrollar sus talentos y brillar con luz propia en vez de estar encorsetados a unos cánones y exámenes que siempre les resta libertad.

Este proceso completo de realización de la lectura es evaluado. Los docentes mediante la observación en el aula, la revisión de trabajos escritos y la administración de pruebas, obtienen una evaluación completa del trabajo de los estudiantes. Es fundamental, dada mi experiencia, que los alumnos sean conocedores de los criterios e instrumentos de evaluación desde el inicio. Esto les permite desarrollar las tareas teniéndolos como referencia y así entienden mucho mejor la retroalimentación constructiva posterior. Con esta última, mejoran sus habilidades de lectura y comprensión. Cada proyecto que les presento a mis alumnos incluye su rúbrica desde el principio. La explico y comparto en el aula. Esto me lleva a que pueda afirmar con rotundidad que comprenden la calificación obtenida sin cuestionarla.

No podemos olvidar que trabajar la lectura trimestral nace ante la necesidad de ir más allá de la enseñanza tradicional de habilidades literarias. Los docentes tenemos el poder de inspirar un amor duradero por la lectura. Con nuestro entusiasmo, pasión por los libros y el ejemplo personal, podemos transformar la lectura de una tarea escolar en una fuente de placer y enriquecimiento personal para toda la vida.

Finalmente, solo puedo reafirmarme en el reto que supone la lectura para el docente. Es, como ya he mencionado anteriormente, esencial para garantizar que los estudiantes desarrollen habilidades sólidas de lectura y comprensión, así como un amor duradero por la palabra escrita. Nuestra dedicación y compromiso son directamente proporcionales a la creatividad e interés que despertamos en el alumno para conseguir con éxito nuestra empresa educativa.

2

Características del alumno del siglo XXI

Centrándonos ya en la figura del alumno que es el destinatario de todo nuestro trabajo, nos preguntamos tal y como ya hizo Ignasi Alcalde en su estudio *Docentes del siglo XXI: retos y habilidades clave* ¿qué competencias clave debe disponer y proponer a sus alumnos un docente del siglo XXI?, ¿cómo queremos que sea un alumno de este siglo en el que vivimos? Según Ignasi, hay tres bloques relevantes que se deben tener en cuenta:

- *La creatividad e innovación*

  Todo docente activo sabe que a los alumnos les motiva crear, darles protagonismo, ser responsables de su propio aprendizaje, es decir, tener la oportunidad de liderar sus propuestas e innovar. Este concepto es vital para mí. A mis alumnos les permito crear con autonomía, siguiendo unas pautas de referencia, pero con la libertad suficiente para que no sean meros espectadores de su aprendizaje y puedan crear.

  Además, el poder incorporar aportaciones y comentarios en sus trabajos para personalizarlos es fundamental. Del mismo modo, deben aprender a saber gestionar los fracasos. Ahí reside la oportunidad para aprender. Esta creatividad e innovación que se promueve es una carrera de fondo, a largo plazo. Debemos potenciar los diferentes tipos de razonamiento y dejarlos interactuar. Errar y corregir son pilares también para mejorar y progresar.

- *Pensamiento crítico y resolución de problemas*

  La creatividad mencionada anteriormente va ligada al conocimiento. El alumno del siglo XXI debe ser capaz de analizar y evaluar sus trabajos, de hacer autocrítica cuando sea necesario sobre las evidencias de sus trabajos. Debe saber reflexionar críticamente sobre sus experiencias de aprendizaje, resolver los conflictos o problemas que nazcan a lo largo del proceso y, lo más importante, saber hacerse preguntas. Tener la inquietud no solo de preguntar sino de saber qué preguntar. Abrirse al mundo sintiendo que forma parte activa de él.

- *Acceso y gestión eficaz de la información*

  Nuestros alumnos conviven, o quizás debería ser más acertado decir que nuestros alumnos viven inmersos en un mundo tecnológico saturado tanto de información como de desinformación. Y esta última es el peligro más importante al que deben hacer frente. Tiene la responsabilidad de aprender a saber discernir la información veraz y contrastada de los bulos. Por eso, en nuestra materia, se hace cada vez más imprescindible trabajar la alfabetización mediática e informacional que ya se incluye como saberes básicos en los contenidos curriculares de la última ley educativa pero algunos profesores aún son reacios a dedicar el tiempo que se merecen estos conceptos.

  Nuestro alumnado es el adolescente de hoy que mañana se habrá convertido en adulto. Necesita, por la sociedad en la que vive, tener una competencia digital mínima de acceso y evaluación de la información para procesarla y usarla cuando precise con responsabilidad.

  No queremos un alumno que copie información, creyendo que es veraz, de páginas navegando por internet sin contrastar que sean seguras o no, creyendo ciegamente en lo que se comparte por redes sociales, sin pensamiento crítico. Nosotros le debemos ayudar para que desarrolle su capacidad de gestión y empleo correcto de la información.

A estas competencias clave propuestas se deben añadir las que potencian el crecimiento académico, personal y social de los alumnos, sobre todo, no podemos obviar:

- *Competencia pedagógica y didáctica*

  Los docentes tenemos la responsabilidad de dominar técnicas pedagógicas y didácticas innovadoras que fomenten el aprendizaje significativo y activo en el aula. Esto se liga de forma directa con desarrollar la capacidad de diseñar y adaptar tanto materiales como actividades educativas según las necesidades individuales de los alumnos.

- *Competencia digital*

  En un mundo cada vez más tecnológico, los docentes no podemos mantenernos al margen. Tenemos la necesidad de familiarizarnos con el uso de herramientas digitales y ser capaces de integrarlas de manera efectiva en nuestra práctica docente. Esto incluye el uso de plataformas en línea, recursos multimedia y aplicaciones educativas para enriquecer el proceso de enseñanza-aprendizaje.

- *Competencia comunicativa*

  Tenemos que ser también hábiles comunicadores. Es importante que seamos capaces de transmitir información de manera clara, precisa y comprensible tanto a nivel oral como escrito. Además, debemos fomentar el desarrollo de las habilidades comunicativas de nuestros alumnos, promoviendo el diálogo, la expresión de ideas y el debate constructivo en el aula.

- *Competencia en el manejo de la diversidad*

  Debemos estar preparados para trabajar con un abanico grande de perfiles diferentes de alumnos. Sin olvidar a aquellos con necesidades diferentes, estilos de aprendizaje y ritmos distintos. Eso nos lleva a que nos adaptemos a sus necesidades para crear un ambiente inclusivo y respetuoso en el aula.

El haber trabajado la literatura trimestral con los proyectos que se desarrollan en los siguientes capítulos, me ha permitido atender a la diversidad con facilidad. Los grupos de trabajo se han constituido atendiendo a las fortalezas de sus miembros, enriqueciéndose y siendo así heterogéneos.

- *Competencia en el fomento de habilidades socioemocionales*

  Los docentes de hoy no podemos darles la espalda a los estados emocionales del alumno. Estudios recientes defienden que las emociones influyen directamente en el aprendizaje de nuestros estudiantes y el profesorado es consciente de ello. La empatía, la resiliencia, la autoconfianza y el trabajo en equipo son habilidades socioemocionales que hay que fomentar. Esto les ayuda a gestionar sus emociones, relacionarse de manera positiva con los demás y afrontar los desafíos de la vida cotidiana de manera efectiva.

En conclusión, los docentes del siglo XXI debemos disponer y proponer una amplia gama de competencias clave a nuestros alumnos que les permitan ser facilitadores de su aprendizaje efectivo y guías de su desarrollo integral. Esto implica no solo dominar conocimientos académicos y técnicos, sino también habilidades pedagógicas, comunicativas, interpersonales y socioemocionales que les posibiliten responder de manera adecuada a las necesidades y desafíos del mundo actual contemporáneo.

3

¿Cómo plantear la lectura trimestral en el aula?

El lector de estas páginas que sea profesor de Lengua Castellana y Literatura estará de acuerdo conmigo en que plantear la lectura trimestral en el aula requiere de una planificación cuidadosa y estratégica para asegurarnos de que sea una experiencia enriquecedora y significativa para nuestros estudiantes.

Además, como ya hemos comentado en capítulos anteriores, en estudios recientes se constata que los adolescentes dejan de leer aproximadamente al cumplir los quince años. Existen varios factores que pueden influir en ese aumento de su desinterés por la lectura: la omnipresencia de la tecnología y el entretenimiento digital que compite con el tiempo dedicado a la lectura, la carga académica y la presión por obtener buenos resultados en los estudios, la falta de modelos a seguir, de adultos que fomenten y disfruten de la lectura en el entorno familiar o el acceso limitado a los libros debido a factores socioeconómicos. Todas estas circunstancias necesitan ser sometidas a un debate serio y responsable para invertirlas o mermar su impacto en los adolescentes.

De ahí, que no sea un tema baladí el fomento a la lectura en los centros educativos. Además, no es una cuestión adscrita únicamente al departamento de Lengua Castellana y Literatura. Desde el Ministerio de Cultura y Deporte se ha trabajado en un plan estratégico estructurado, basado en la mejora continuada, para el fomento de la lectura en España, que se conoce como Plan de Fomento de la Lectura. Dedicaremos un capítulo a esta cuestión al término de la publicación.

Por tanto, es necesario dedicar un tiempo tranquilo y consensuado al diseño de nuestro plan de lecturas para cada nivel educativo. A mí siempre me gusta diseñarlo junto a mis compañeros de departamento para poder compartir inquietudes, reflexiones, gustos y, sobre todo, experiencias. En los primeros días de septiembre, antes de que lleguen los alumnos, trabajamos encarecidamente seleccionando lecturas y dialogando mucho entre nosotros para llegar a consensos que favorezcan el éxito de nuestra elección.

Te aconsejo arrancar siempre estas primeras reuniones planteándote dos cuestiones iniciales: ¿con qué palabras definirías la lectura trimestral? y ¿cómo sueles evaluar la lectura trimestral: examen, trabajo escrito, ficha de lectura...? Las respuestas serán heterogéneas y variopintas. Puede haber tantas opciones como compañeros del departamento tengas, pero, sin duda, te harán reflexionar y debatir con ellos, lo que hace que os enriquezcáis unos de otros. A partir de las respuestas obtenidas, estaréis preparados para dar el segundo paso y planteaos qué queréis hacer, cómo lo queréis desarrollar y qué lecturas decidir.

Este segundo nivel es mucho más complejo y se compone de otras cuatro preguntas nuevas que quiero analizar con vosotros:

1. ¿Seleccionar lecturas clásicas o actuales?

Italo Calvino en su libro *¿Por qué leer a los clásicos?* indica que los textos clásicos son aquellos que *constituyen una riqueza para quien los ha leído y amado, pero que constituyen una riqueza no menor para quien se reserva la suerte de leerlos por primera vez en las mejores condiciones para saborearlos*. Esto lo justifica porque, según él, son libros que ejercen una influencia particular, ya sea porque se convierten en inolvidables para el lector, o porque tienen la capacidad de mimetizarse en el inconsciente colectivo o individual. Además, se pueden releer infinitas veces sin que esto sea un problema y dejan huella en el lector.

Sin embargo, los docentes nos encontramos a diario ante una demanda de lectores jóvenes que les interesan publicaciones con contenidos y temas más cercanos a su día a día. Les gusta sentir el reflejo de sus vidas e intereses en las páginas de los libros que leen. El mercado editorial destinado al público joven ha crecido porque este tipo de publicaciones está en alza. Los jóvenes disfrutan descubriendo personajes afines a ellos; alejados del estereotipo clásico de un héroe, adolescentes con padres separados, independientes, diferentes..., con la tecnología presente en sus páginas o finales cercanos a la realidad que no siempre tengan que ser felices.

Pero aun sabiendo el interés que despierta en nuestros alumnos este tipo de lecturas, tenemos el deber de inculcarles el gusto y amor por la literatura clásica, ¿cómo? pues acercando textos que también sean interesantes para ellos. Nuestro éxito será directamente proporcional a nuestra labor como "antólogos", es decir, tenemos que saber recopilar aquellos fragmentos o textos completos con los que además de cubrir lo que nos exige el currículo, despertemos en ellos el amor por la lectura. Tenemos que descubrirles los clásicos y conseguiremos que se sorprendan de la actualidad de estos.

2. *¿Cómo leer: en el aula o en casa?*

Conocemos los innumerables beneficios de la lectura en voz alta para el alumno y como esta actividad mejora el ambiente del aula y aumenta su rendimiento académico. Una forma de captar la atención del alumno es cambiar el espacio, la ubicación, de esa sesión reservada para leer. A mí, me funciona emplear la biblioteca del centro. Y esta opción ya se recogía en leyes educativas anteriores a la LOMLOE (Ley Orgánica 3/2000, de 29 de diciembre, por la que se modifica la Ley Orgánica 2/2006, de 3 de mayo, de Educación) aludiendo a que "las bibliotecas escolares contribuirán a fomentar la lectura y facilitan al alumnado tanto el acceso a la información y a otros recursos para el aprendizaje de áreas y materias, como la posibilidad de formarse en el uso crítico de los mismos".

Además, otra opción que también está ganando adeptos es la de dedicar sesiones consecutivas a leer el libro de lectura seleccionado, es decir, el profesor hace un paréntesis en su rutina normal de programación de aula para dedicar varias sesiones seguidas a la lectura en vez de organizarla semanalmente. Esta opción es muy efectiva para alumnos con dificultades de lectoescritura ya que les permite mantener el hilo argumental y no abstraerse al no espaciarse en el tiempo porque se lee de continuo.

No podemos olvidar que hay tres claves para conseguir el éxito de la lectura con nuestros alumnos adolescentes:

- Acercar los títulos a los medios que utilizan los jóvenes hoy en día; los formatos digitales permiten un acceso rápido, cómodo y versátil.
- Apoyar en casa y el instituto fomentando espacios y momentos reservados en su rutina diaria.
- Reforzar la lectura comprensiva puesto que los resultados PISA demuestran el bajo nivel del alumnado en este aspecto. Tan importante es leer como entender lo que se lee y de ahí que haya que dedicar tiempo a recapitular lo más importante de lo leído haciendo un seguimiento del libro. Hay que trabajar en el fomento de buenos lectores.

La lectura en el aula nos permite precisamente esto, detectar el nivel de comprensión lectora que tienen, saber si están entendiendo lo que leen con tan solo prestar atención a su entonación y modulación. A muchos les da vergüenza leer en voz alta, es casi una gesta medieval conseguir que lo hagan. Y es ahí, con esas actitudes y comportamientos donde demuestran su baja comprensión lectora que los lleva incluso a negarse a leer porque sería reconocer abiertamente un problema. Es evidenciar lo evidente. Por eso, a nosotros como docentes, se nos abre una oportunidad para generar espacios y tiempos dedicados exclusivamente a la lectura y poder mejorar sus resultados.

En los Decretos de Currículo se recogen dos apartados entre los Saberes Básicos de Educación Literaria: literatura autónoma (*implicación en la lectura de obras de forma progresivamente autónoma a partir de una preselección de textos variados, y reflexión sobre los textos leídos y sobre la práctica de lectura*) y literatura guiada (l*ectura de obras y fragmentos relevantes de la literatura juvenil contemporánea y del patrimonio literario* *universal)*. Esta dicotomía literaria nos permite precisamente trabajar la lectura dentro y fuera del aula. En mi centro proponemos un listado de títulos clasificados por géneros y temáticas para que los alumnos elijan de ahí la lectura autónoma que leen en casa. La guiada es la escogida por el departamento para trabajar en el aula. Suele ser la que presenta una cierta resistencia por parte del alumno, pero con la mediación del docente se consigue su disfrute puesto que la comprenden muchísimo mejor y descubren los elementos relevantes de la misma.

3. ¿Lectura obligatoria o de libre elección?

Esta pregunta está estrechamente relacionada con la anterior. Según ha expuesto Nando López en Educación3.0, es un error imponer la lectura en el aula como forma de enseñar a leer y transmitir el amor por los libros. Además, recuerda a Borges que ya escribió en su día *el verbo leer, como el verbo amar y el verbo soñar, no soporta el modo imperativo*. Seguro que más de uno recuerda con cierto pesar aquellas lecturas que tuvo que hacer en su época de instituto que no entendió o que no le aportaron nada en ese momento. Pero precisamente también hay ejemplos de todo lo contrario. Gracias a mis profesores de Lengua y Literatura descubrí a Lorca, la prosa de Delibes o las obras de Lope. Si no hubiera tenido títulos de lectura obligatoria en ese momento, el mundo de la literatura hubiera sido un acceso imposible para mí de forma autónoma. Dudo que hubiese entendido la crítica social encerrada en *El Lazarillo de Tormes,* la descripción del amor de Quevedo, la defensa de la mujer en el teatro de Moratín o la mística de San Juan de la Cruz, entre otros sin la ayuda de un docente especialista.

Por estos motivos, comparte *que la clave reside no sólo en qué títulos elegimos sino, más aún, en cómo se los acercamos. Es decir, en el medio que empleamos para adentrar en esos textos, sean contemporáneos o clásicos, a nuestro alumnado. El hecho de que todo un grupo comparta una misma lectura permite hacer tertulias, debates, trabajos de creación y de deconstrucción a partir de la obra leída. En definitiva, convertir ese libro en una experiencia colectiva que, además de impulsar su búsqueda de nuevos títulos, también les ayude a desarrollar otras destrezas relativas tanto a la expresión como a la comprensión textual.*

4. *¿Cómo plantear la evaluación de la lectura?*

Sin lugar a dudas y tras la experiencia de estos últimos años, me atrevo a afirmar con rotundidad que el éxito de nuestro trabajo está en no evaluar de forma convencional, sino a través de otro tipo de propuestas en las que la opinión del estudiante esté en el centro. Esto permite no solo una evaluación más equitativa y personalizada, sino también, el desarrollo de habilidades clave, creatividad y aprendizaje significativo. Si, además, vuelvo la mirada a mi yo adolescente, me recuerdo nerviosa ante un examen de lectura, temerosa por las preguntas rebuscadas que podían salir y la preocupación al no ser capaz de recordar detalles minúsculos innecesarios que pudieran salir a pesar de haber leído la obra. ¿Se puede promover así de forma sana y lúdica el fomento de la lectura? Todavía hay profesionales que creen que un examen tipo test de lectura es un buen instrumento de evaluación. Sin embargo, no fomenta el disfrute ya que limita la comprensión del libro, reduce su contenido a preguntas que implican una memorización de detalles innecesarios y no quedan reflejadas las habilidades reales de lectura del alumno. No hay espacio para promover la reflexión cuando se trata de una prueba con preguntas de opción múltiple que ya tiene unas respuestas correctas predefinidas. ¿Dónde hay un espacio reservado para expresar interpretaciones propias y opiniones? Y, lo más importante, se obvian las necesidades específicas para los estudiantes con dificultades.

Hay que enfocar la evaluación de forma que fomente la comprensión profunda, la reflexión crítica y la aplicación del conocimiento. Como Nando López aconseja, debemos convertir al lector en el protagonista y la lectura es el punto de inicio para el diálogo y el encuentro con los demás. Los proyectos creativos, las discusiones en grupo, las presentaciones orales o portafolios de trabajo entre otros, son enfoques que proporcionan una visión más completa de las habilidades de lectura y comprensión de los estudiantes. En las próximas páginas os voy a presentar una selección de propuestas empleadas en mi aula con éxito con el deseo único de que os sirva de inspiración, impulso o arranque para mudar la forma de trabajar la lectura con vuestros alumnos.

4

El acto de leer se convierte en el acto de crear

Mantener una mentalidad infinita es muy duro;
porque los seres humanos tenemos miedo a lo desconocido.
Nos sentimos más cómodos dentro de lo seguro.
Pero el cambio es inevitable cuando se piensa en el largo plazo.

—Simon Sinek, *El juego infinito.*

El acto de leer va más allá de la simple decodificación de palabras en una página. Debe ser un proceso activo y creativo donde el lector no solo consume información, sino que también la interpreta, reflexiona y, en muchos casos, la recrea en su mente. Cuando leemos, estamos constantemente haciendo conexiones, relacionando lo que estamos leyendo con nuestras experiencias pasadas, nuestros conocimientos previos y nuestras emociones. Esto nos permite construir significados y dar vida a las palabras en las páginas. Además, el acto de leer nos invita a imaginar, a visualizar escenarios y personajes, a experimentar diferentes realidades y puntos de vista. En este sentido, cada lector crea su propia versión de la historia, su interpretación única y personal del texto.

Movida por la necesidad de enfocar las lecturas desde otra perspectiva por los motivos que ya he mencionado, decidí hace unos años ponerme a investigar sobre didáctica de la literatura. Empecé a bucear en webs de innovación educativa, leí mucha bibliografía al respecto… y me enamoré de las palabras de María Hortensia Lacau recogidas en su *Didáctica de la lectura creadora:*

> *Y nació entonces en nosotros la convicción de que como método inicial [...] era preciso convertir al lector adolescente en colaborador, personaje, creador de proyectos completivos vinculados a la obra, polemista comprometido, testigo presencial, relator de gustos y vivencias, etc. En una palabra, establecer la vinculación emocional entre el adolescente, centro de su mundo, y el libro que leía.*

Fueron reveladoras ya que sentí el empujón que me faltaba para comenzar a trabajar en ese cambio que tenía rondándome la cabeza pero que aún no había empezado a cristalizar. Entendí que el mantra que debía repetirme era el siguiente:

El acto de leer se convierte en el acto de crear

Al convertir el acto de leer en el acto de crear, no solo estamos desarrollando habilidades de comprensión y análisis, sino también estimulando la imaginación, la creatividad y la capacidad de pensamiento crítico de nuestros alumnos que son los lectores. Es un proceso dinámico y enriquecedor que les permite explorar nuevos mundos, ampliar su perspectiva y enriquecer su experiencia humana. Es una acción fundamental porque promueve en el alumnado un compromiso más profundo con el texto y potencia su desarrollo integral en múltiples aspectos. El estudio y trabajo poslectura se convierte en una actividad creativa en la que ya no solo hay que procesar la información de manera superficial, sino que deben sumergirse en el texto, analizarlo, interpretarlo y relacionarlo con sus propias experiencias y conocimientos por lo que favorece una comprensión más profunda. Además, se estimula la creatividad ya que se le brinda al alumnado la oportunidad de expresar sus ideas de manera original e imaginativa. Pueden componer música, realizar representaciones teatrales, crear obras de arte inspiradas en el texto... millones de opciones que resultan valiosas en todos los aspectos de la vida. Todas estas propuestas los convierten en perfiles activos creadores en lugar de simples receptores de información como pasaba hasta ahora. Ellos asumen un papel activo en su propio aprendizaje puesto que son agentes de cambio y transformación, capaces de dar forma a su propio entendimiento y construir significados que resuenen con ellos a nivel personal.

No podemos olvidar que la creación a menudo implica colaboración y trabajo en equipo. Puede ser a través de proyectos grupales o en actividades de co-creación. En cualquier caso, estas acciones fomentan habilidades sociales y emocionales, como la comunicación efectiva, la resolución de conflictos y el trabajo en equipo, que ya destacamos como claves para el alumno del siglo XXI puesto que son fundamentales para su éxito en la vida personal y profesional.

Si aún no estás convencido como yo de que el acto de crear no solo enriquece la experiencia de lectura, sino que también promueve un aprendizaje más profundo, significativo y holístico que prepara a los estudiantes para enfrentar los desafíos del mundo contemporáneo, te invito a leer las orientaciones metodológicas para la materia de Lengua Castellana y Literatura que se recogen en el Decreto n.º 235/2022, de 7 de diciembre, por el que se establece la ordenación y el currículo de la Educación Secundaria Obligatoria en la Comunidad Autónoma de la Región de Murcia:

- *Se diseñarán actividades y situaciones de aprendizaje capaces de formar personas cultas, críticas y bien informadas; capaces de hacer un uso eficaz y ético de las palabras; respetuosas hacia las diferencias; competentes para ejercer una ciudadanía digital activa; con capacidad para informarse y transformar la información en conocimiento.*
- *Se recomienda el uso de proyectos o trabajos de investigación sobre el hecho literario como herramienta fundamental para potenciar la valoración y salvaguarda del patrimonio artístico y cultural.*
- *La labor docente incluirá estrategias para el trabajo en equipo valorando actitudes de cooperación y responsabilidad, teniendo en cuenta la participación de todos y de cada uno de los alumnos en las discusiones o debates que se produzcan.*
- *Se potenciará el uso de las tecnologías digitales, el desarrollo de la competencia digital del alumnado, las metodologías activas y contextualizadas que faciliten la participación e implicación del alumnado y la adquisición y uso de conocimientos en situaciones reales.*
- *Será imprescindible el trabajo interdisciplinar para que el alumnado se apropie de los géneros discursivos propios de cada materia, contribuyendo así a la adquisición de las competencias clave.*

- *La acción docente promoverá actuaciones diversas en la biblioteca escolar, tanto desde el punto de vista del aprendizaje del alumnado como centro de recursos y coordinación.*

De este modo, algo que durante mucho tiempo algunos profesores habían reconocido intuitivamente, se ha convertido en una realidad más amplia y reconocida en el ámbito educativo. Cada vez más, los educadores están adaptando enfoques pedagógicos que promueven la lectura como un proceso activo de creación y construcción de significado. La lectura es una herramienta poderosa para estimular la imaginación, la creatividad y el pensamiento crítico de los estudiantes.

Además, en las redes sociales encontramos con mayor frecuencia, perfiles educativos donde los profesores compartimos experiencias, materiales, ideas y recursos creando así una comunidad inspiradora muy estimulante. Cada plataforma tiene sus propias características y enfoques. Como miembro de @lasdelengua tengo que resaltar que son una fuente de promoción de la lectura y la escritura sin precedentes. Nosotras nos sentimos felices de formar parte de este mundo en las redes sociales de Instagram y Facebook. En ellas, se pueden compartir y difundir reseñas de libros, recomendaciones de lecturas, reflexiones sobre la escritura... Muchos autores y editoriales las utilizan para mostrar fragmentos de sus obras, presentar lanzamientos y establecer relación directa con sus lectores lo que es fantástico e inimaginable hace unas décadas. Se emplean también para generar espacios de intercambio de ideas y opiniones. Nosotras aprovechamos las *Historias* para compartir noticias de interés, memes de humor y preguntar a nuestros seguidores cuestiones sobre Lengua y Literatura. Pero, sobre todo, lo más bonito y gratificante es la creación de comunidades virtuales en las que compartimos intereses comunes como ya hemos destacado. En nuestro caso, nos siguen multitud de docentes con las mismas inquietudes que nosotras. Nos apoyamos, inspiramos y colaboramos. Es una retroalimentación constante preciosa. Ojalá más docentes emplearan las redes sociales como herramienta pedagógica para complementar y enriquecer la enseñanza de su materia porque tienen un gran potencial si se saben dirigir al ámbito educativo.

5

Digitalización de la materia de lengua castellana y literatura

La tecnología tiene que tener un impacto para que sea útil su uso y pueda empoderar la Educación.

—Gonzalo Romero

La digitalización de la materia de Lengua Castellana y Literatura ofrece una amplia gama de oportunidades para enriquecer su enseñanza y aprendizaje. Al aprovechar al máximo los recursos digitales y las herramientas tecnológicas disponibles, los profesores podemos proporcionar una experiencia educativa más enriquecedora y personalizada a los estudiantes que les prepare para los desafíos del mundo digital actual. ¿Cómo puede la digitalización transformar la experiencia educativa de esta área? Podemos destacar los siguientes aspectos:

- *Acceso a recursos digitales*. La digitalización permite a los estudiantes acceder a una gran variedad de recursos digitales; libros electrónicos, audiolibros, plataformas educativas, vídeos... que les facilitan la exploración de diferentes géneros literarios, autores y temas de estudio.
- *Interactividad y multimedia*. Los recursos digitales pueden ser multimedia e interactivos ya que permiten a los estudiantes participar en actividades interactivas, ver vídeos relacionados con los

contenidos que están trabajando, escuchar entrevistas con autores, mapas interactivos que contextualicen obras literarias... cuyas opciones no son posibles en materiales impresos tradicionales.

- *Personalización del aprendizaje*. La digitalización permite adaptar el contenido y las actividades a las necesidades individuales de los estudiantes puesto que las plataformas educativas digitales pueden ofrecer contenido personalizado y actividades adaptadas al nivel de competencia lectora y los intereses de cada estudiante.
- *Colaboración y comunicación*. Las herramientas digitales fomentan la colaboración y comunicación entre estudiantes y profesores. Los estudiantes pueden participar en discusiones en línea a través de foros, colaborar en proyectos multimedia y trabajar de forma colaborativa en línea.
- *Feedback y evaluación*. Las herramientas digitales también son muy útiles para facilitar la retroalimentación y evaluación de los estudiantes. Los profesores emplean las plataformas educativas para proporcionar comentarios instantáneos sobre los trabajos de los alumnos, evaluaciones formativas a tiempo real y, sobre todo, realizar un seguimiento del progreso de cada estudiante.
- *Aprendizaje ubicuo*. La digitalización permite el acceso al contenido educativo en cualquier momento y lugar a través de los dispositivos móviles como teléfonos inteligentes y tabletas. Esto permite a los estudiantes aprovechar al máximo su tiempo de estudio y adaptarse a sus propios horarios y preferencias de aprendizaje.

Contextualizando mi experiencia, mi anterior centro educativo se incorporó al programa Sistema de Enseñanza Digital en el Aula (SENDA) de la Región de Murcia y el director me brindó la oportunidad de formar parte de él incluyendo mi materia. Lo tomé como un desafío personal. Aproveché el verano para leer bibliografía, investigar y bucear en otros centros ya adscritos para aprender todo lo posible. Me lancé con muchísima ilusión. Puedo afirmar que ha supuesto un antes y un después en mi metodología de trabajo. Tenía claro que no quería que mis alumnos "digitales" simplemente permanecieran toda la mañana frente a un ordenador trabajando con un libro digital. La competencia digital no es hacer actividades de unir con flechas, rellenar huecos, completar un cuestionario en línea o abrir un libro en pdf. Nuestros alumnos son "nativos digitales" porque han crecido en un entorno donde la tecnología digital ha estado presente desde pequeños. Han crecido rodeados de dispositivos electrónicos, internet... y están familiarizados con su uso desde una edad muy temprana. Están acostumbrados a comunicarse a través de plataformas digitales, consumir contenido en línea y utilizar aplicaciones para actividades cotidianas. Sin embargo, un estudio difundido por la revista *Teaching and Teacher Education* concluyó que *a pesar de las afirmaciones [...] no hay evidencia que sugiera que los nativos digitales sean más conocedores de la tecnología o buenos en la multitarea que los de las generaciones superiores*. Necesitaba que mis alumnos fueran nativos digitales de verdad, por algo más que subir fotos a redes sociales y dar un "me gusta". Y ese fue mi reto.

Me propuse aunar tradición y modernidad porque no entiendo el aprendizaje de mi materia sin lápiz y papel. Creo que, si se saben jugar bien las cartas, se complementan de forma adecuada. Ligar la lectura a la digitalización ha supuesto un reto emocionante y lleno de oportunidades para enriquecer la experiencia de aprendizaje de mis alumnos sin renunciar a la escritura manual. He unido la lectura con la digitalización para todos los géneros literarios y en todas las evaluaciones como os detallaré en el siguiente capítulo. El trabajar con proyectos ha ayudado a mis alumnos a organizar su pensamiento favoreciendo la reflexión, la crítica, la elaboración de hipótesis y la tarea investigadora a través de un proceso en el que cada uno ha asumido la responsabilidad de su aprendizaje, ha aplicado sus conocimientos y habilidades a proyectos reales disfrutando de todos, aunque al principio los vieran como desafíos. Han sido siempre motivadores para todos. Para mí es un estímulo como docente contar con alumnos que sé que van a responder a pesar de que les parezca una locura o un desafío el proyecto que les presento. Siempre, cuando los diseño o adapto, pienso en qué les puede gustar y qué pueden dar de sí, aunque ellos, al principio, no sean conscientes de sus capacidades. Me sirve también para no quedarme acomodada impartiendo una clase magistral. Busco formas de atraer la materia a los alumnos y en esta aventura, me siento activa, motivada y cercana a sus inquietudes. Para ellos es una experiencia totalmente creativa que les hace abandonar la metodología anclada en una silla sentados varias horas. Como adolescentes que son, les encantan los retos y, si son digitales, mucho más. Por tanto, conseguimos formar un equipo perfecto dispuesto a dar lo mejor de nosotros en el rol que desempeñemos.

La experiencia y el tiempo solo me han dado la razón. Los proyectos constituyen una apuesta segura para los alumnos y el profesor. Son una estrategia motivadora en la que el alumno trabaja los contenidos de la materia, pero desde diferentes enfoques, superando lo estrictamente intelectual para abarcar aspectos de procedimientos y actitudes. Con su elaboración han mejorado también la convivencia en el aula porque muchos proyectos han sido diseñados para trabajar en equipo, lo que ha supuesto que deban adaptarse al resto de compañeros, a sus capacidades, fortalezas y debilidades para reforzarse como equipo y conseguir el éxito compartido. Su elaboración ha permitido descubrir que no hay límites para la creatividad, han batido retos difíciles e inesperados. Y los resultados siempre han superado las expectativas iniciales con las que se les presentaba el proyecto.

6

Proyectos digitales para trabajar la lectura trimestral en secundaria y bachillerato

Es fundamental que asumamos que mejorar las habilidades y competencias digitales del alumnado, provocan una verdadera transformación digital. Dichas habilidades le permitirán ser más competitivo en el mercado laboral, aprovechar al máximo los recursos en línea, colaborar y comunicarse eficazmente, expresar su creatividad, comprender la alfabetización digital y la seguridad en línea, y participar de manera activa y responsable en la sociedad digital actual.

Los proyectos digitales que aquí se presentan para trabajar la lectura trimestral nacen al abrigo de dos necesidades básicas que me he planteado siempre al programarlos: que sean materiales educativos digitales (MED) de calidad y que se adapten a Aula del Futuro para trabajarlos con mis alumnos inspirándome en ella.

La Asociación Española de Normalización, UNE, publicó la norma 71362.2020 Calidad de los materiales educativos digitales para valorar la calidad de los recursos digitales de la red. Es un documento de referencia de los materiales educativos digitales (MED) y una herramienta para medirlos. Esta norma establece quince criterios que a su vez de desglosan en indicadores de calidad que especifican las características que debe reunir un recurso para tener una valoración alta en cada criterio. Nace con tres objetivos claros:

- Guiar en la creación de un recurso educativo digital de calidad
- Valorar estos recursos de forma precisa y objetiva
- Facilitar a los usuarios la elección del mejor MED

Y en cuanto a Aula del Futuro, es un proyecto del Instituto Nacional de Tecnologías Educativas y de Formación del Profesorado (INTEF) para trabajar los procesos de enseñanza con una metodología más activa en lo que se refiere a los roles que toman tanto profesor como alumno. El espacio se organiza atendiendo a las habilidades que se quieren desarrollar en cada momento y se destacan seis zonas que deben trabajarse en este orden: Investiga, Explora, Interactúa, Desarrolla, Crea y Presenta. Cada zona posee un mobiliario y medios tecnológicos específicos relacionados principalmente con material digital tal como pizarras, pantallas táctiles, móviles, pizarras, croma y una buena conexión. La metodología de trabajo es siempre activa, como ya he dicho, porque el profesor es el guía del proceso educativo, orienta y organiza al alumno.

En mi centro educativo no contamos con un Aula del Futuro concreta pero siempre me ha gustado aprovechar los espacios disponibles para emular las fases originales. La biblioteca escolar es el punto neurálgico puesto que es un espacio versátil que se ha ido transformando, atendiendo a las necesidades según el estado de desarrollo del proyecto en el que estuviéramos. Además, el aula también se ha adaptado según las circunstancias porque los alumnos que formaban parte del Programa SENDA asistían a clase con su propio dispositivo lo que facilita el acceso a internet. Me parece importante que la secuenciación suela ser la misma, siempre que se pueda, aunque la temporalización de las sesiones sea distinta en cada proyecto. Repetir esquemas de trabajo hace que los alumnos se hagan con más facilidad a la rutina establecida, entiendan mejor el proceso y puedan ser autónomos. Mi línea de actuación es la siguiente:

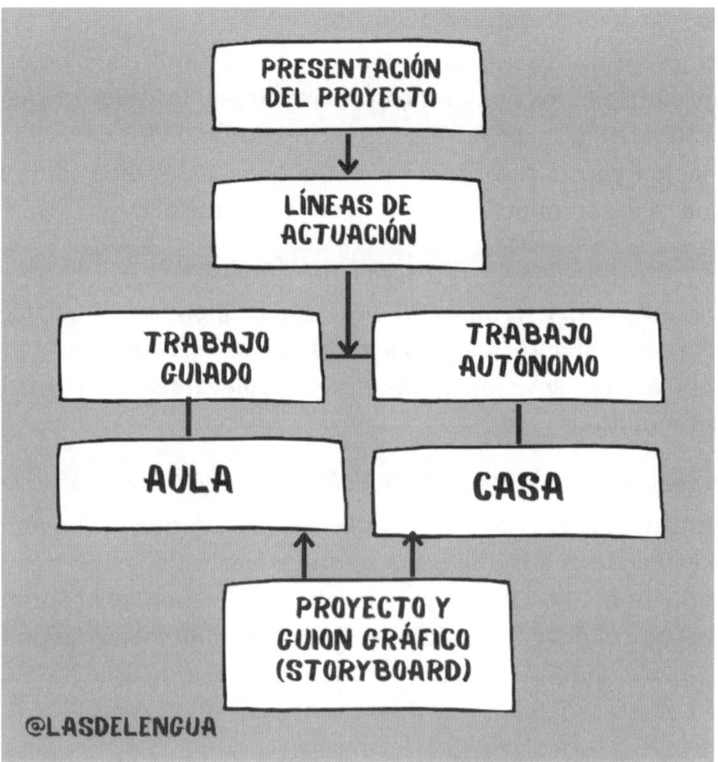

La primera sesión la dedico siempre a presentar la lectura que vamos a desarrollar ese trimestre y el proyecto en el que van a trabajar. Y después, el trabajo se desdobla en dos líneas de actuación atendiendo a la metodología que combina el trabajo guiado por el profesor en el aula (una sesión semanal durante el trimestre) con el trabajo autónomo de los estudiantes en casa o en el aula (avanzan en el proyecto de forma autónoma para hacer retroalimentación semanal en el aula una vez concluida la lectura de la obra). No son líneas independientes, sino que convergen continuamente en todo el proceso creativo. Este enfoque tiene como objetivo proporcionar una estructura que permite a los estudiantes recibir orientación y apoyo del profesor mientras tienen la oportunidad de desarrollar habilidades de forma independiente y autónoma. Los pasos clave de esta metodología son los siguientes:

- *Planificación y diseño del proyecto*

  El profesor diseña el proyecto considerando los objetivos de aprendizaje, los contenidos curriculares y las habilidades que se pretenden desarrollar. Se establecen también los criterios de evaluación y se determinan las actividades específicas del proyecto que se desarrollarán dentro y fuera del aula.

- *Sesiones guiadas por el profesor en el aula*

  Durante estas sesiones, el profesor proporciona instrucción directa, orientación y apoyo a los estudiantes. Se presentan los conceptos clave, se explican las técnicas relevantes y se organizan las actividades.

- *Trabajo práctico en el aula con el apoyo del profesor*

  Durante las sesiones en el aula, los estudiantes trabajan en grupos o de forma individual, según las necesidades del proyecto en cada momento. Investigan y profundizan sobre el proyecto mientras que el docente circula ofreciendo ayuda, resolviendo dudas y proporcionando retroalimentación a medida que los alumnos avanzan.

- *Trabajo autónomo fuera del aula*

  Después de las sesiones en el aula, los estudiantes continúan trabajando de forma autónoma en el proyecto fuera del horario escolar. Se les proporcionan recursos y materiales adicionales para apoyar su trabajo, si lo precisan, y se establecen plazos claros para la finalización de tareas.

- *Seguimiento y retroalimentación del profesor*

  El profesor monitorea el proceso de los estudiantes y proporciona retroalimentación adicional a través de plataformas en línea, correos electrónicos o sesiones presenciales de tutoría para resolver dudas. Se ofrecen oportunidades para revisar y mejorar el trabajo en función de las sugerencias del profesor.

- *Seguimiento y evaluación final*

  Los estudiantes presentan sus proyectos al final del proceso, ya sea en forma de exposición oral, informe escrito, presentación multimedia u otro formato relevante. Se lleva a cabo una evaluación formativa y sumativa para evaluar el aprendizaje de los estudiantes y el éxito del proyecto en general. En mi caso, siempre les indico que hay que entregar dos documentos al término del proyecto puesto que son parte indisoluble del mismo; el guion gráfico o *storyboard* y el artefacto final. Los dos se incluyen en la rúbrica de evaluación con un peso específico.

Y las fases de Aula de Futuro, que tomamos para trabajar en nuestro centro los proyectos presentados con nuestras posibilidades, son las siguientes:

- *Interactúa*

- Se presenta el trabajo a los alumnos para que se organicen, hagan su lluvia de ideas y planifiquen los pasos a seguir. (Primera sesión)
- Esta zona debe ser cómoda para esta primera fase del trabajo donde se hace una asamblea o debate con una pizarra para anotar todo lo necesario.
- Se desarrolla la competencia en comunicación lingüística y competencia plurilingüe.

- *Investiga*

- Fase de investigación y profundización del proyecto. Aquí se lee la lectura trimestral en el aula y se investiga sobre el autor, contexto y aspectos claves de las tareas propuestas que componen el trabajo.
- Para esta fase se necesitan mesas de trabajo, estanterías de almacenaje, ordenadores y equipo tecnológico.
- Se desarrolla la competencia ciudadana y competencia en conciencia y expresión cultural.

- *Desarrolla*
  - Elaboración del trabajo, hacen su guion.
  - Fase en la que se elabora el trabajo propiamente dicho. Hacen sus *storyboards*. También se necesita material tecnológico.
  - Se desarrolla la competencia personal, social y de aprender a aprender.

- *Crea*
  - Elaboración del artefacto que conlleva la grabación y edición del mismo.
  - Fase donde más medios tecnológicos se precisan: focos, tela croma, proyector, altavoces... porque es la de desarrollo de la parte principal del proyecto.
  - Se desarrollan la competencia digital, competencia en conciencia y expresión cultural y competencia lingüística.

- *Presenta*
  - Los alumnos muestran el trabajo realizado al resto de compañeros que han. (Última sesión)
  - Fase donde los compañeros se pueden sentar a disfrutar de la exposición y una pizarra *Promethean* para proyectar.
  - Se desarrolla la competencia lingüística.

La clasificación que presento en el esquema siguiente atiende a la secuenciación empleada en el aula según los géneros literarios que se quería trabajar y la competencia digital del alumno, aumentando su dificultad gradualmente conforme avanzaban los cursos. Pero es importante destacar que es una distribución flexible. Los proyectos están pensados para desarrollarlos a lo largo de un trimestre dedicando una sesión semanal en el aula como indiqué más arriba. Sin embargo, atendiendo a las características de nuestro alumnado, podemos temporalizarlos como creamos mejor. Además, como veréis en la infografía más adelante, están enmarcados para un nivel y un género, pero pueden modificarse y reorientarse según el criterio del docente. Es más, invito a repetirlos al pasar unos años para comprobar la mejora competencial del alumno. La videoreseña o el *booktrailer* presentados en 1º de ESO, por ejemplo, nada tienen que ver con lo que realiza el mismo alumno años más tarde en 4º de ESO. Además, están propuestos para evaluar las lecturas trimestrales pero también pueden emplearse para otros Saberes básicos del currículum. En la mayoría de los proyectos predomina el uso de la imagen y el sonido, aunque en otros como el *pódcast* es solo sonido o el *knolling* que es imagen únicamente. Como ya he resaltado en varios momentos, es importantísimo para mí, que el desarrollo de la competencia digital del alumno no sea en detrimento de su lectoescritura por lo que siempre es fundamental acompañar el resultado del trabajo elaborado con un guion, boceto o borrador, que justifique el sentido y características del mismo.

Siento que os abro las puertas de mi aula a todos los lectores que se han animado a llegar hasta aquí. No quiero parecer osada. El objetivo de estas páginas es compartir humildemente con vosotros mi experiencia educativa. Quizás muchos ya los conozcáis o seguramente puede que encontréis muchos errores o discrepancias con mis propuestas. Huelga decir que es mi experiencia docente particular y de ahí que me haya animado a compartirla puesto que tengo la certeza empírica del éxito de las mismas, aunque al principio les parezca un reto inaccesible. Son, sin duda, experiencias más atractivas que cualquier examen de comprobación lectora al uso. Mis alumnos no pertenecen seguramente a la élite nacional. Son un grupo heterogéneo en el que hay algunos que no soportan la materia de Lengua Castellana y a otros que se les da muy bien. Están matriculados en un centro público de extrarradio como la mayoría de estudiantes de cualquier rincón del país. Por eso os animo si no habéis probado a trabajar con proyectos a que lo hagáis para descubrir por vosotros mismos todos los beneficios que ya os he referido.

Finalmente, y para no demorarme más, quiero puntualizar un par de cosas. Todos los proyectos no son de creación propia. He tomado muchas ideas de la red o en los libros de texto, pero sí les he dado forma creando presentaciones atractivas de los mismos a través de app como *Canva* para mostrarlas a mis alumnos. Sin embargo, otros sí que lo son.

Literpub, Nuestro Cancionero, Sierra Minera Noticias o *Trazando el alma* son ejemplos de estos últimos tipos. Inspirándome en propuestas de otros compañeros o pensando en qué progresión de la competencia digital del alumno quería conseguir, he elaborado y diseñado desde cero el desarrollo del proyecto. El haber tenido continuidad con mis alumnos me ha servido para conocer sus puntos fuertes y debilidades y poder actuar en consecuencia. Es muy motivador diseñar actividades para un alumnado por el que apuestas y confías a lo largo de los cursos académicos. Observas, disfrutas y te emocionas con su evolución. Por eso, no me cansaré nunca de afirmar que ellos han sido no solo mi fuente de inspiración, sino también los que me han hecho trabajar para dar mi mejor versión como docente. Aquí os redacto unos bocetos en forma de esquema con los aspectos más importantes de cada propuesta. Por otro lado, si aún no conoces el perfil en redes sociales de @lasdelengua, te invito de nuevo a que lo hagas porque ahí están recogidos no solo los proyectos que os muestro a continuación tal y como se los presento en el aula, sino muchos de los productos finales elaborados por el alumnado. Entrando en el QR que he insertado en cada proyecto, te llevará directo a la publicación en nuestro perfil de Instagram.

La secuenciación que he seguido a continuación para la presentación de los proyectos es la misma que se recoge en la infografía. Las lecturas seleccionadas han sido de los géneros que se especifican en la primera columna. Me gusta trabajar los tres géneros literarios en cada curso y aunque esta clasificación no es determinante, es sencilla de seguir para quien se anime a empezar en el maravilloso mundo de los proyectos trimestrales digitales.

6.1. Videorreseña literaria

Una videorreseña es un texto breve en el que se recomienda la lectura de un libro a través de una opinión personal. Tiene como objetivo despertar en el espectador el interés por el libro e invitar a otras personas a disfrutar de su lectura, por lo tanto, se debe evitar desvelar elementos fundamentales de la trama.

Situación de aprendizaje

¿Estás listo para convertirte en un crítico literario de renombre? Tu misión, si decides aceptarla, es crear una videorreseña impactante y persuasiva sobre un libro de literatura que hayas leído recientemente. Tu objetivo es capturar la esencia del libro, transmitir su valor y despertar el interés de otros estudiantes para que se sumerjan en sus páginas.

Para superar este desafío, necesitarás utilizar tu creatividad, habilidades de comunicación y conocimientos literarios. ¡Prepárate para expresar tus ideas de manera clara, convincente y emocionante frente a la cámara!

¿Estás listo para aceptar el desafío y compartir tu pasión por la literatura con el mundo? ¡Demuestra tu talento como crítico literario y deja tu marca en la comunidad educativa con tu videorreseña!

Objetivo del proyecto

- Desarrollar habilidades de lectura y análisis críticos.
- Cultivar habilidades digitales.
- Fortalecer habilidades de comunicación oral y escrita.
- Valorar y fomentar el gusto por la lectura y el conocimiento de obras clásicas o contemporáneas.
- Promover la expresión creativa.

Objetivos de desarrollo sostenible (ODS)

Algunos ODS que pueden ser relevantes para el proyecto son:

1. ODS 4 - Educación de Calidad: La creación de videorreseñas puede fomentar el análisis crítico y la comprensión de textos literarios, promoviendo así una educación de calidad.
2. ODS 9 - Industria, Innovación e Infraestructura: La producción de videorreseñas fomenta la innovación en medios de comunicación y tecnologías digitales, contribuyendo al desarrollo de infraestructuras sostenibles.
3. ODS 10 - Reducción de las Desigualdades: La promoción de la diversidad de opiniones y la inclusión de diferentes perspectivas en las videorreseñas contribuye a reducir las desigualdades y a promover la igualdad de oportunidades.
4. ODS 16 - Paz, Justicia e Instituciones Sólidas: Las videorreseñas pueden fomentar el diálogo intercultural y promover la comprensión mutua, contribuyendo así a la construcción de sociedades pacíficas e inclusivas.

Duración

El proyecto se llevará a cabo a lo largo de varias semanas, durante un único trimestre, combinando sesiones en el aula (semanales) y trabajo autónomo fuera del aula. Siempre se empieza presentando el proyecto en la primera sesión antes de abordar la lectura para que los alumnos puedan leer teniendo de referencia lo que se les va a pedir que realicen.

Fases del proyecto

1. Selección del libro. Los estudiantes eligen un libro que les interese de una lista proporcionada por el profesor (lectura autónoma) o la lectura trimestral determinada (lectura guiada). Se les anima, en caso de que sea escogido de un listado, que seleccionen un libro que consideren relevante y significativo para ellos.
2. Investigación y lectura. Los estudiantes investigan sobre el autor, el contexto histórico y las críticas del libro seleccionado. Luego leen el libro de manera completa y toman notas sobre los temas, personajes y puntos clave.

3. Desarrollo del guion. Los estudiantes elaboran un guion para su videorreseña, que incluye una introducción al libro, un resumen breve de la trama, análisis de los personajes y temas principales y su opinión sobre la obra.
4. Producción del vídeo. Utilizando herramientas de edición de vídeo (tales como *iMovie, Inshot,* etc.) los estudiantes graban y editan su videorreseña. Se les anima a ser creativos en la presentación de su contenido y a utilizar recursos visuales y auditivos para enriquecer su producción. (Se pueden mostrar ejemplos de internet que les ayudan a tomar ideas).
5. Revisión y edición. Los estudiantes revisan y editan su videorreseña para mejorar su calidad y claridad. Se les anima a recibir retroalimentación de sus compañeros y del profesor para mejorar su trabajo.
6. Presentación y evaluación Los estudiantes presentan sus proyectos en el aula y los comparten también en la plataforma educativa (Aula virtual en mi caso). Se fomenta la discusión y el intercambio de opiniones entre los estudiantes sobre los libros presentados.

Criterios de evaluación

- Claridad y coherencia en la presentación del contenido.
- Claridad de la producción audiovisual (edición, imagen, sonido).
- Profundidad del análisis y de la reflexión sobre el libro.
- Originalidad y creatividad en la presentación del vídeo.
- Habilidad para expresar opiniones de manera clara y fundamentada.

Recursos necesarios

- Acceso a libros seleccionados
- Dispositivos de grabación de vídeo (teléfonos móviles, cámaras).
- Software de edición de vídeo.

- Acceso a internet para investigación y recursos en línea.

QR y enlace a @lasdelengua para más información

https://www.instagram.com/p/CQDYl5QhzLE/?igsh=YjFjdmZnenBpcWRp

Este proyecto proporciona una oportunidad para que los estudiantes mejoren sus habilidades de lectura crítica, escritura, producción audiovisual y comunicación, al tiempo que fomenta su creatividad y expresión personal. Además, les permite compartir sus experiencias de lectura con sus compañeros y promueve la discusión y el intercambio de ideas en el aula.

Rúbrica de evaluación de la videorreseña literaria

CRITERIO	EXCELENTE	BIEN	CORRECTO	INSUFICIENTE
Contenido (30%)	La videorreseña muestra un análisis profundo, bien fundamentado y original del libro, con argumentos claros.	El análisis es bueno, aunque falta mayor profundidad o algún argumento.	Presenta un análisis general y básico, pero con poca profundidad.	El análisis es superficial o incorrecto; se omiten ideas clave del libro.
Estructura (20%)	La reseña tiene una estructura clara: introducción, desarrollo y conclusión, con fluidez.	La estructura es clara, pero con ligeras inconsistencias en la organización.	Estructura básica pero con problemas en la organización o en el desarrollo.	La estructura es caótica o no sigue un orden lógico.
Expresión oral (20%)	Habla de forma clara, con fluidez, buena dicción y sin errores gramaticales.	Habla bien, aunque a veces se traba o tiene errores leves de dicción.	Se entiende lo que dice, pero con pausas o errores frecuentes.	Habla de forma poco clara, con muchas pausas, errores gramaticales y de dicción.
Creatividad (15%)	El vídeo es muy original, creativo y mantiene el interés del espectador en todo momento.	El vídeo tiene elementos creativos, aunque no es muy original en su totalidad.	El vídeo es poco creativo y sigue un esquema básico con momentos aburridos.	EL vídeo no tiene ningún elemento creativo, es repetitivo o poco interesante.
Recursos técnicos (15%)	Excelente uso de recursos técnicos: sonido claro, buena edición y efectos apropiados.	Buen uso de recursos, aunque se nota alguna deficiencia en el sonido o edición.	Recursos técnicos básicos, con fallos de sonido o edición, pero aceptables.	El vídeo tiene muchos fallos técnicos (mala edición, mal sonido...)

6.2. #Amamoslapoesía

La Real Academia Española (RAE), junto con la editorial Condé Nast España y Latinoamérica, inició en 2018 el proyecto *Amamos la poesía* para difundir la lírica española e hispanoamericana a través de vídeos con la voz de actores y cantantes reconocidos a ambos lados del Atlántico.

https://www.rae.es/noticia/amamos-la-poesia-proyecto-de-difusion-en-redes-sociales-de-la-poesia-en-espanol

El objetivo de adaptar este proyecto a los alumnos de Secundaria es para que exploren, aprecien y compartan la belleza de la poesía mediante la creación de vídeos recitando poemas o fragmentos que se comparten en las redes sociales del centro con el hashtag #amamoslapoesía

Situación de aprendizaje

¿Estás preparado para convertirte en un maestro de las palabras? Tu desafío, si decides aceptarlo, es grabarte recitando un poema que te inspire profundamente. Tu objetivo es transmitir la emoción, la belleza y el poder del poema a través de tu voz y tu expresión.

Para superar este desafío, necesitarás conectarte con el poema a un nivel profundo, comprender su significado y su ritmo, y luego llevarlo a la vida con tu interpretación única.

¡Prepárate para emocionar y cautivar a tu audiencia con tu habilidad para expresar las palabras con pasión y sinceridad!

¿Estás listo para aceptar el desafío y dejar una impresión duradera con tu habilidad poética? ¡Demuestra tu destreza como recitador y comparte la belleza de la poesía con el mundo!

Objetivos

- Desarrollar habilidades de expresión oral.
- Fomentar la comprensión y apreciación de la poesía.
- Promover la creatividad y originalidad.

- Mejorar las habilidades de producción de vídeo.
- Fomentar la participación y la interacción en redes sociales.
- Desarrollar habilidades de evaluación y retroalimentación.
- Fomentar la autoconfianza y autoexpresión.

Objetivos de desarrollo sostenible (ODS)

Algunos ODS que pueden ser relevantes para el proyecto son:

1. ODS 4 - Educación de Calidad: Promover la práctica de recitar poemas puede fomentar habilidades de comunicación y expresión oral, así como aumentar la apreciación por la poesía, contribuyendo así a una educación de calidad.
2. ODS 5 - Igualdad de Género: Alentar a todas las personas, independientemente de su género, a participar en la grabación de recitales de poemas puede promover la igualdad de género al proporcionar una plataforma equitativa para expresarse y compartir sus habilidades artísticas.
3. ODS 10 - Reducción de las Desigualdades: Fomentar la práctica de recitar poemas puede ser una forma inclusiva de promover la diversidad cultural y lingüística, así como de amplificar voces diversas, contribuyendo a reducir las desigualdades y promover la inclusión.
4. ODS 11 - Ciudades y Comunidades Sostenibles: La práctica de recitar poemas puede promover el sentido de comunidad y fortalecer el tejido social y cultural de las ciudades y comunidades, contribuyendo así a crear entornos más sostenibles y cohesionados.
5. ODS 17 - Alianzas para Lograr los Objetivos: El proyecto de grabación recitando un poema puede fomentar la colaboración y el trabajo en equipo entre estudiantes, profesores, artistas y miembros de la comunidad, construyendo alianzas para promover la literatura y el arte.

Duración

El proyecto se llevará a cabo a lo largo de varias semanas, durante un único trimestre, combinando sesiones en el aula (semanales) y trabajo autónomo fuera del aula. Siempre se empieza presentando el proyecto en la primera sesión antes de abordar la lectura para que los alumnos puedan leer teniendo de referencia lo que se les va a pedir que realicen.

Fases del proyecto

1. Selección del poema. Los estudiantes eligen un poema que les inspire de una antología proporcionada por el profesor (lectura guiada) o de su elección personal (lectura autónoma). Se les anima a explorar una variedad de estilos, autores y temas poéticos.
2. Interpretación y análisis del poema. Los estudiantes leen y analizan el poema seleccionado, identificando los elementos clave como el tema, el tono, la estructura y el significado. También practican la recitación del poema, presentando atención a la entonación, el ritmo y la expresión emocional.
3. Grabación del vídeo. Utilizando la grabación de vídeo (teléfonos móviles, cámaras), los estudiantes graban su recitación poética en un entorno adecuado (fondo blanco o negro) y con una buena calidad de audio y vídeo.
4. Edición de vídeo. Los estudiantes editan su vídeo, añadiendo efectos musicales si lo desean y asegurándose de que la calidad técnica y estética del vídeo sea adecuada para su publicación en redes sociales.
5. Subida a las redes sociales. Los estudiantes suben su vídeo a la plataforma educativa del centro y a sus redes sociales como Instagram, YouTube o TikTok, utilizando el hashtag #Amamoslapoesía para que su vídeo sea fácilmente identificable y accesible para otros usuarios interesados en la poesía de forma que el profesor también pueda compartirlo en las redes sociales del centro.

6. Presentación y evaluación. Los estudiantes muestran el vídeo en el aula para fomentar el intercambio de opiniones sobre los poemas compartidos. Se facilita una discusión en la que se evalúan y se brindan retroalimentación sobre los vídeos de sus compañeros.

Criterios de evaluación

- Claridad y expresividad en la recitación poética.
- Elección y análisis adecuado del poema.
- Creatividad y originalidad en la presentación del vídeo.
- Uso efectivo de recursos audiovisuales para realzar la experiencia poética.
- Participación activa en la promoción y compartición del vídeo en redes sociales.

Recursos necesarios

- Acceso a poemas seleccionados.
- Dispositivos de grabación de vídeo.
- Software de edición de vídeos (opcional).
- Acceso a internet y a plataformas de redes sociales.

QR y enlace a @lasdelengua para más información

https://www.instagram.com/p/Cpn4MfnNTDD/?igsh=MTIwajQyaDg0ZW9uaA==

Este proyecto ofrece a los estudiantes la oportunidad de explorar y expresar su amor por la poesía de una manera creativa y significativa, al tiempo que desarrollan habilidades de comunicación, expresión artística y competencia digital. Además, contribuye a fomentar una comunidad virtual de amantes de la poesía que comparten su pasión por esta forma de arte a través de las redes sociales.

Rúbrica de evaluación #Amamoslapoesia

CATEGORÍAS	EXCELENTE	SATISFACTORIO	MEJORABLE	INSUFICIENTE
Análisis e interpretación del poema	Comprende en profundidad el poema, la intención del autor, y es capaz de relacionarlo fácilmente con sus propias emociones y experiencias	Comprende las principales ideas y sentimientos expresados en el poema, y es capaz de encontrar relaciones con sus propias emociones y experiencias	Comprende algunas de las ideas y sentimientos expresados en el poema, y es capaz encontrar algunas relaciones con sus propias emociones y experiencias.	No comprende la esencia del poema ni la intención del autor. No es capaz de relacionarlo con sus propias emociones y experiencias.
Estructura (20%)	Recita el poema de manera expresiva y cuidando los rasgos propios de la oralidad (tono, ritmo, entonación, énfasis...).	Recita el poema de manera expresiva y cuidando la mayoría de los rasgos propios de la oralidad (tono, ritmo, entonación, énfasis...).	En el recitado del poema no tiene en cuenta todos los rasgos propios de la oralidad (tono, ritmo, entonación, énfasis...).	En el recitado del poema no tiene en cuenta ninguno de los rasgos propios de la oralidad (tono, ritmo, entonación, énfasis...).
Expresión oral (20%)	Selecciona imágenes y música muy adecuadas para recrear el sentido del poema.	Selecciona imágenes y música adecuadas para recrear el sentido del poema y	Las imágenes y la música que selecciona no son siempre adecuadas para recrear el sentido del poema.	Las imágenes y la música que selecciona no son adecuadas para recrear el sentido del poema.
Creatividad (15%)	Utiliza sólo recursos con licencia Creative Commons y los referencia siempre adecuadamente.	Utiliza casi siempre recursos con licencia Creative Commons y los referencia adecuadamente.	Utiliza sólo algunos recursos con licencia Creative Commons y no siempre los referencia adecuadamente.	En su mayoría no utiliza recursos con licencia Creative Commons y tampoco los referencia adecuadamente.

Fuente: https://cedec.intef.es/rubrica/rubrica-para-evaluar-un-video-poema/

6.3. Booktrailer

Un *booktrailer* es un vídeo corto que sugiere los acontecimientos más importantes de un libro, pero sin desvelar el final para incitar al lector/espectador a leerlo. Como alternativa al anglicismo, la RAE recomienda el uso de los términos «bibliotráiler» y «librotráiler».

Los estudiantes vivirán esta aventura multimedia de análisis de la obra literaria seleccionada creando vídeos con los elementos principales de la misma despertando el interés por su lectura en el receptor. Se fomenta así la comprensión profunda de la obra desarrollando un análisis crítico, comunicación oral y producción de contenido digital.

Situación de aprendizaje

¿Estás listo para convertirte en un director de cine literario? Tu desafío, si decides aceptarlo, es crear un booktrailer *emocionante y envolvente para un libro de lectura que te haya cautivado. Tu objetivo es capturar la esencia de la historia, intrigar a tu audiencia y dejarles con ganas de más.*

Para superar este desafío, necesitarás combinar tu comprensión profunda del libro con tu creatividad cinematográfica. Utiliza imágenes, música, texto y efectos visuales para crear una experiencia cinematográfica que refleje la magia y la emoción de la historia.

¿Estás listo para aceptar el desafío y llevar la narrativa del libro a la pantalla grande? ¡Demuestra tu talento como director de cine literario y deja a tu audiencia ansiosa por descubrir más sobre la historia!

Objetivos

- Desarrollar habilidades de expresión oral y corporal
- Fomentar la comprensión y apreciación por la lectura.
- Promover la creatividad y originalidad.
- Mejorar las habilidades de producción de vídeo.
- Fomentar la participación y la interacción en el trabajo colaborativo.
- Fomentar la autoconfianza y autoexpresión.

Objetivos de desarrollo sostenible (ODS)

Algunos ODS que pueden ser relevantes para el proyecto son:

1. ODS 4 - Educación de Calidad: Los booktrailers pueden fomentar el interés por la lectura y promover la alfabetización al presentar de manera atractiva y dinámica el contenido de una obra literaria, contribuyendo así a una educación de calidad.
2. ODS 5 - Igualdad de Género: Alentar a todos los estudiantes, independientemente de su género, a participar en la creación de booktrailers puede promover la igualdad de género al proporcionarles una plataforma equitativa para expresarse y compartir sus ideas.
3. ODS 10 - Reducción de las Desigualdades: Los booktrailers pueden ser una herramienta poderosa para promover la diversidad cultural y lingüística, así como para amplificar voces diversas, contribuyendo así a reducir las desigualdades y promover la inclusión.
4. ODS 11 - Ciudades y Comunidades Sostenibles: Al fomentar el intercambio de ideas y la apreciación de la literatura, los booktrailers pueden contribuir a crear comunidades más vibrantes y cohesionadas, fortaleciendo así el tejido social y cultural de las ciudades y comunidades.
5. ODS 17 - Alianzas para Lograr los Objetivos: El proyecto de creación de booktrailers puede fomentar la colaboración y el trabajo en equipo entre estudiantes, profesores, autores y editores, construyendo alianzas para promover la lectura y el acceso equitativo a la literatura.

Duración

El proyecto se llevará a cabo a lo largo de varias semanas, durante un único trimestre, combinando sesiones en el aula (semanales) y trabajo autónomo fuera del aula. Siempre se empieza presentando el proyecto en la primera sesión antes de abordar la lectura para que los alumnos puedan leer teniendo de referencia lo que se les va a pedir que realicen.

Fases del proyecto

1. Selección del libro. Los estudiantes eligen un libro que les interese de una lista proporcionada por el profesor (lectura autónoma) o de la que asigne directamente él (lectura guiada). Se les anima a seleccionar un libro que consideren adecuado para un booktrailer, con una trama emocionante o interesante.
2. Análisis del libro. Los estudiantes leen el libro seleccionado y realizan un análisis crítico de los elementos clave, como la trama, los personajes, el tono y los temas. También identifican los momentos destacados o más impactantes del libro que podrían destacarse en el booktrailer.
3. Desarrollo del guion y storyboard. Los estudiantes elaboran un guion para el booktrailer que incluye una breve introducción al libro, la presentación de los personajes principales y la trama. Es importante hacer un llamado a la acción para que el espectador lea el libro. También crean un storyboard que planifica las escenas y la narrativa visual del booktrailer.
4. Producción del vídeo. Utilizando herramientas de edición de vídeo (por ejemplo, *iMovie, Inshot, CapCut*, etc.), los estudiantes graban y editan su booktrailer. Utilizan imágenes, música, efectos visuales y texto para crear un vídeo atractivo que capte la atención del espectador y lo motive a leer el libro.
5. Revisión y edición. Los estudiantes revisan y editan su booktrailer para mejorar su calidad y coherencia. Se les anima a recibir retroalimentación de sus compañeros y del profesor para mejorar su trabajo y hacer los ajustes que sean necesarios.
6. Presentación y evaluación. Los estudiantes presentan sus booktrailers en el aula además de compartirlo en la plataforma educativa pertinente (en nuestro caso Aula virtual). Se fomenta la discusión y el intercambio de opiniones sobre los libros presentados.

Criterios de evaluación

- Claridad y coherencia en la presentación del contenido.
- Calidad de la producción audiovisual (edición, imagen, sonido).

- Capacidad para captar la esencia y el tono del libro en el booktrailer.
- Originalidad y creatividad en la presentación del vídeo.
- Habilidad para motivar al espectador a leer el libro.

Recursos necesarios

- Acceso a libros seleccionados.
- Dispositivos de grabación de vídeo (teléfonos móviles, cámaras).
- Software de edición de vídeo.
- Acceso a internet para investigación y recursos en línea.

QR y enlace a @lasdelengua para más información

https://www.instagram.com/p/CXnkhZNsdlk/?igsh=anI4cDclemk0a2o1

Este proyecto proporciona una oportunidad para que los estudiantes desarrollen habilidades de lectura crítica, escritura, producción audiovisual y comunicación, al tiempo que promueve la creatividad y el trabajo en equipo. Además, les permite compartir su amor por la lectura y recomendar libros a sus compañeros de clase y a una audiencia más amplia en línea.

Rúbrica de evaluación del booktrailer

CRITERIO	EXCELENTE	BUENO	SUFICIENTE	INSUFICIENTE
Guion/ borrador	Presenta una estructura clara con introducción, desarrollo y cierre. Expone con precisión lo esencial de la obra, personajes, conflicto y tono.	Presenta una estructura clara pero algunos elementos de la obra podrían detallarse mejor.	Tiene estructura básica, pero es confuso en alumnas partes o no refleja bien la obra.	No hay guion o está incompleto y confuso.
Fidelidad a la obra	Representa con precisión la historia, personajes y mensaje de la obra.	Representa la obra, aunque con algunos cambios menores que no afectan la esencia.	Se aleja de la obra en varios aspectos importantes.	No representa la obra o es irreconocible.
Creatividad y originalidad	Es innovador, utiliza ideas creativas para captar la atención.	Presenta algunas ideas creativas y llamativas.	Tiene pocos elementos creativos y resulta predecible.	Falta creatividad; es plano o copia sin innovar.
Calidad audiovisual (imágenes, sonido, edición)	Excelente uso de imágenes, música y edición, efectos bien integrados. Se incluyen los alumnos como personajes.	Buen uso de imágenes y sonido, aunque algunos elementos podrían mejorar. Se incluyen algunos alumnos como personajes.	Uso básico de imágenes y sonido, con errores leves. Se incluye solo un alumno como personaje.	Baja calidad, audiovisual; edición deficiente o desordenada. No se incluyen los alumnos como personajes.
Narración y mensaje	Comunica de forma clara y atractiva la esencia de la obra; es comprensible e impactante.	Comunica bien la esencia de la obra, pero podría ser más claro o impactante.	Transmite el mensaje de forma confusa o poco atractiva.	No se entiende el mensaje o está mal desarrollado.
Duración (tiempo adecuado)	Entre 1- 3 minutos, manteniendo el interés.	Se ajusta al tiempo pero tiene partes innecesarias o apresuradas.	Es demasiado largo o demasiado corto, afectando a la comprensión.	No cumple con el tiempo requerido.
Ortografía y redacción (guion y texto del vídeo)	Sin errores ortográficos o gramaticales; redacción clara y fluida.	Presenta algunos errores menores pero no afectan la comprensión.	Tiene varios errores ortográficos o de redacción que dificultan la comprensión.	Múltiples errores ortográficos y gramaticales; difícil de entender.

6.4. Pódcast

Un *pódcast* es un archivo de audio que se puede escuchar desde un ordenador, smartphone, tableta u otro reproductor. se descarga de forma gratuita y de ahí que esté al alcance de cualquiera. Sus temas son muy variados. Con este proyecto, los alumnos se sumergen en el mundo de la literatura a través del pódcast para analizar, interpretar, e incluso, dramatizar, los textos de forma creativa y original. Se fomenta la comprensión profunda de la obra literaria escogida al tiempo que desarrollan habilidades de comunicación oral, producción multimedia y trabajo en equipo.

Situación de aprendizaje

¿Estás preparado para convertirte en un narrador de historias literarias? Tu desafío, si decides aceptarlo, es crear un pódcast cautivador sobre un libro de literatura que te haya inspirado. Tu objetivo es sumergir a tus oyentes en la trama, los personajes y los temas del libro, mientras los entretienes y los educas con tu narración experta.

Para superar este desafío, necesitarás combinar tus habilidades narrativas con tu conocimiento profundo del libro. Utiliza tu voz, música, efectos de sonido y entrevistas para crear una experiencia auditiva envolvente que transporte a tus oyentes al mundo del libro.

¿Estás listo para aceptar el desafío y convertirte en el narrador de historias literarias definitivo? ¡Demuestra tu talento como podcaster y deja a tus oyentes ansiosos por más aventuras literarias!

Objetivos

- Identificar y recopilar información relevante, es decir, fomentar el desarrollo en el alumno de la alfabetización mediática informacional.
- Desarrollar habilidades de comunicación oral.
- Producir contenido educativo digital.
- Adquirir habilidades de edición de audio.
- Desarrollar la creatividad y originalidad.

- Promover y difundir contenido educativo.
- Colaborar y trabajar en equipo.

Objetivos de desarrollo sostenible (ODS)

Algunos ODS que pueden ser relevantes para el proyecto son:

1. ODS 4 - Educación de Calidad: Los *pódcast* pueden promover la alfabetización, la comprensión de textos y el aprendizaje continuo al proporcionar contenido educativo accesible sobre obras literarias, contribuyendo así a una educación de calidad.
2. ODS 5 - Igualdad de Género: Alentar a los estudiantes, independientemente de su género, a participar en la creación de *pódcast* sobre obras literarias puede promover la igualdad de género al proporcionarles una plataforma para expresarse libremente y compartir sus perspectivas.
3. ODS 11 - Ciudades y Comunidades Sostenibles: Al fomentar la apreciación de la literatura y la cultura en general, los *pódcast* pueden contribuir a crear comunidades más vibrantes y cohesionadas, fortaleciendo así el tejido social y cultural de las ciudades y comunidades.
4. ODS 17 - Alianzas para Lograr los Objetivos: El proyecto de creación de *pódcast* puede fomentar la colaboración y el trabajo en equipo entre estudiantes, profesores y otros actores interesados, construyendo alianzas para promover la literatura y el acceso equitativo a la información y el conocimiento.

Duración

El proyecto se llevará a cabo a lo largo de varias semanas, durante un único trimestre, combinando sesiones en el aula (semanales) y trabajo autónomo fuera del aula. Siempre se empieza presentando el proyecto en la primera sesión antes de abordar la lectura para que los alumnos puedan leer teniendo de referencia lo que se les va a pedir que realicen.

Fases del proyecto

1. Selección del tema. Los estudiantes eligen un tema relevante y significativo que esté relacionado con la lectura trimestral. Pueden seleccionar temas de un listado ofrecido por el profesor que se centre en el autor de la obra o de los elementos narrativos.
2. Investigación y planificación. Los estudiantes investigan y recopilan información sobre el tema seleccionado. Utilizan fuentes confiables y diversas, como libros, artículos, entrevistas y recursos en línea. Luego, planifican el contenido de su pódcast, diciendo qué aspectos del tema abordarán y cómo estructurarán el episodio.
3. Desarrollo del guion. Los estudiantes elaboran un guion para el episodio del pódcast, que incluye una introducción al tema, la presentación de información relevante, ejemplos, debate sobre aspectos del libro y conclusiones. También deciden qué formato utilizarán (entrevista, debate, programa radiofónico de tertulia, etc.).
4. Producción del pódcast. Utilizando equipos de grabación de audio y software de edición de audio (como *Audacity, GargeBand*, etc.), los estudiantes graban y editan el episodio de su pódcast. Se aseguran de que el audio sea claro y de alta calidad, añaden música, efectos de sonido o clips de entrevistas según sea necesario.
5. Revisión y edición. Los estudiantes revisan y editan su episodio de pódcast para mejorar su calidad y claridad. Se aseguran de que el contenido sea preciso, coherente y relevante. Realizan ajustes según sea necesario en función de la retroalimentación recibida.
6. Presentación y evaluación. Los estudiantes suben sus episodios en la plataforma educativa prevista por el profesor y los que se animen, pueden publicarlos en plataformas de alojamiento de pódcast como *Anchor, SonudCloud* o *Spotify*. Se facilita una discusión en la que se evalúan y se brindan retroalimentación sobre los pódcast de sus compañeros.

Criterios de evaluación

- Claridad y coherencia en la presentación del contenido.
- Calidad del audio y la producción del pódcast.
- Precisión y relevancia de la información presentada.
- Creatividad y originalidad en la presentación del tema.
- Participación activa en la promoción y compartición del pódcast.

Recursos necesarios

- Equipo de grabación de audio (micrófonos, grabadoras, etc.).
- Software de edición de audio.
- Acceso a internet para investigación y recursos en línea.
- Plataformas de alojamiento de pódcast para publicación y distribución si fuera preciso.

QR y enlace a @lasdelengua para más información

https://www.instagram.com/p/CVHwedKoMB6/?igsh=MWs5ZGlvZWtjejg0eA==

Este proyecto ofrece a los estudiantes una oportunidad única para investigar, crear y compartir contenido educativo de manera significativa y auténtica. Les permite desarrollar habilidades de investigación, comunicación, producción de medios y colaboración, al tiempo que promueve su creatividad y expresión personal. Además, les proporciona una plataforma para contribuir al aprendizaje de sus compañeros y de una audiencia más amplia a través de la difusión de su pódcast.

Rúbrica de evaluación de pódcast

ASPECTOS	4 EXCELENTE	3 SATISFACTORIO	2 MEJORABLE	1 INSUFICIENTE
Dicción	El estudiante articula perfectamente las palabras y el texto se entiende con claridad.	El estudiante articula las palabras un poco claro y el texto puede entenderse en su mayoría.	El estudiante algunas veces articula bien las palabras, pero el texto frecuentemente no se entiende.	El estudiante rara vez articula las palabras y el texto no se entiende.
Tono	No hay errores. El tono es muy atractivo.	Algún error aislado, pero en su mayoría el tono es preciso y seguro.	Algunos veces el tono es preciso, pero hay errores frecuentes o repetitivos.	Hay muy pocas veces en que el tono sea preciso o seguro.
Entradas y marcaciones articulatorias	Entradas seguras. Las marcaciones son ejecutadas con precisión.	Las entradas son en su mayoría seguras. Hay algún error esporádico. Las marcaciones son ejecutadas generalmente con precisión.	Las entradas rara vez son seguras, pero las marcaciones son algunas veces ejecutadas con precisión.	Pocas entradas seguras. Las marcaciones son generalmente ejecutadas incorrectamente.
Respiración	El estudiante respira adecuadamente y mantiene el tono lo mejor que puede.	El estudiante generalmente respira adecuadamente, pero en ocasiones no mantiene el tono hasta el final de cada frase.	El estudiante algunas veces respira adecuadamente y sólo en algunas ocasiones mantiene el tono hasta el final de cada frase.	El estudiante rara vez respira correctamente y nunca mantiene el tono hasta el final de las frases.
Expresión y estilo	Habla con creatividad y desenvoltura en base al guión y sin ayuda del profesor/a u otro compañero.	En general, habla con creatividad y desenvoltura siguiendo las indicaciones del profesor/a o algún compañero.	Su expresión y estilo es irregular y con cierta frecuencia no atiende las indicaciones del guión o del profesor/a.	No presenta expresión ni estilo.
Efectos especiales	El pódcast tiene un aspecto completamente profesional e imita a un auténtico programa de radio.	El pódcast contiene sintonía para el encabezamiento y cierre y alterna algunas cuñas sonoras.	El pódcast contiene, al menos, sintonía para el encabezamiento.	El pódcast no contiene ningún efecto especial, como música para el encabezamiento y cierre ni efectos sonoros que lo enriquezcan.

Fuente: https://cedec.intef.es/rubrica/rubrica-para-evaluar-un-podcast/

6.5. Knolling

El *knolling* es una técnica de organización visual en la que se fotografía un objeto o un conjunto de objetos organizados en una superficie plana de forma simétrica, semejante a un bodegón, pero empleando ángulos rectos y plano cenital. Con este proyecto, los estudiantes aplicarán esta técnica para representar visualmente elementos clave de una obra literaria seleccionada fomentando la comprensión de la misma.

Situación de aprendizaje

¿Estás listo para fusionar el arte y la literatura en una expresión visual única? Tu desafío, si decides aceptarlo, es crear un knolling literario que capture la esencia de un libro de literatura que te haya impactado. Tu objetivo es organizar cuidadosamente objetos y elementos que representen la historia, los personajes y los temas del libro en una composición visualmente atractiva.

Para superar este desafío, necesitarás utilizar tu creatividad y tu conocimiento del libro para seleccionar cuidadosamente los objetos y elementos que mejor representen su contenido. Organiza estos elementos de manera ordenada y estéticamente agradable en una superficie plana, y luego captura una fotografía de tu creación.

¿Estás listo para aceptar el desafío y transformar la narrativa del libro en una obra de arte visual? ¡Demuestra tu habilidad como artista y deja que tu knolling literario inspire a otros a descubrir la magia de la literatura!

Objetivos

- Desarrollar el gusto por la literatura identificando los elementos claves de una obra literaria.
- Desarrollar habilidades de organización espacio visual.
- Fomentar la creatividad y expresión personal.
- Mejorar la expresión escrita.
- Promover y difundir contenido educativo.

Objetivos de desarrollo sostenible (ODS)

Algunos ODS que pueden ser relevantes para el proyecto son:

1. ODS 4 - Educación de Calidad: Al crear *knolling* basado en una obra literaria, los estudiantes pueden promover la alfabetización, la comprensión de textos y el análisis crítico, contribuyendo así a una educación de calidad.
2. ODS 9 - Industria, Innovación e Infraestructura: Fomentar la creatividad y la innovación en la presentación visual de la obra literaria a través del *knolling* puede promover la innovación en la industria creativa y el desarrollo de nuevas formas de expresión artística.
3. ODS 12 - Producción y Consumo Responsables: El proyecto puede promover prácticas de consumo responsables al utilizar materiales reciclados o reutilizados en la creación del *knolling* y al fomentar la reflexión sobre la importancia de cuidar los recursos naturales.
4. ODS 16 - Paz, Justicia e Instituciones Sólidas: Alentar a los estudiantes a reflexionar sobre temas de justicia social, igualdad y diversidad a través del *knolling* puede promover sociedades pacíficas e inclusivas y fortalecer las instituciones.
5. ODS 17 - Alianzas para Lograr los Objetivos: El proyecto puede fomentar la colaboración y el trabajo en equipo entre estudiantes, profesores y la comunidad en general al crear alianzas para abordar cuestiones sociales, culturales y ambientales a través del arte y la creatividad.

Duración

El proyecto se llevará a cabo a lo largo de varias semanas, durante un único trimestre, combinando sesiones en el aula (semanales) y trabajo autónomo fuera del aula. Siempre se empieza presentando el proyecto en la primera sesión antes de abordar la lectura para que los alumnos puedan leer teniendo de referencia lo que se les va a pedir que realicen.

Fases del proyecto

1. Selección de la Obra Literaria. Los estudiantes eligen una obra literaria de su interés que hayan estudiado en clase o que estén leyendo en ese momento. Pueden trabajar individualmente o en grupos pequeños, dependiendo de la preferencia y complejidad del texto seleccionado. En el caso de que sea poesía, los alumnos seleccionan el poema de una antología propuesta por el profesor.
2. Análisis literario. Los estudiantes realizan un análisis profundo de la obra seleccionada atendiendo al género literario que se trate. Utilizan herramientas y conceptos de la literatura para interpretar y comprender la obra en su totalidad.
3. Identificación de elementos para *Knolling*. Los estudiantes identifican los elementos clave de la obra literaria que desean representar visualmente a través del *knolling*. Esto puede incluir personajes principales, escenarios importantes, objetos simbólicos, citas significativas, eventos cruciales, etc.
4. Creación de *Knolling* Literario. Los estudiantes organizan visualmente los elementos identificados en un espacio designado, como una tabla, un mural o una presentación digital. Utilizan técnicas de *knolling* para disponer los elementos de manera ordenada y simétrica, creando una representación visual coherente de la obra literaria. Incluyen la portada del libro o el poema seleccionado.
5. Reflexión y explicación. Los estudiantes reflexionan sobre su *knolling* literario, explicando las decisiones de diseño y las conexiones entre los elementos representados. Comparten sus reflexiones en un documento escrito que adjunta cuando entreguen el producto final.
6. Presentación y evaluación. Los estudiantes presentan sus *knollings* literarios en el aula, compartiendo sus interpretaciones y análisis con sus compañeros. Se facilita una discusión en la que se exploran diferentes perspectivas y se profundiza en la comprensión de la obra literaria.

Criterios de evaluación

- Profundidad y precisión del análisis literario de la obra seleccionada.
- Creatividad y coherencia en la organización visual de los elementos a través del *knolling*.
- Claridad y relevancia de las reflexiones y explicaciones proporcionadas por los estudiantes.
- Participación en la presentación y discusión del *knolling* literario en el aula.
- Capacidad para aplicar conceptos y conocimientos de la literatura en la creación y análisis del *knolling*.

Recursos necesarios

- La obra literaria seleccionada.
- Materiales de arte y diseño.
- Espacio para crear y exhibir los *knollings* literarios.
- Tecnología para presentaciones y documentación (computadoras, proyector, cámara, etc.).

QR y enlace a @lasdelengua para más información

https://www.instagram.com/p/CWiUG2NsKig/?igsh=NWc2cXIzYnBhdzMz

Este proyecto ofrece a los estudiantes una oportunidad creativa y visual para explorar y comprender obras literarias de manera más profunda, fomentando el pensamiento crítico, la creatividad y la colaboración en el estudio de la literatura. Al utilizar la técnica de *knolling*, los estudiantes pueden representar de manera innovadora y significativa los elementos clave de la obra literaria, lo que les permite desarrollar una comprensión más completa y personal de la misma.

Rúbrica de evaluación de knolling

	EXCELENTE	BIEN	CORRECTO	MAL /NO LO HACE/ COPIADO
Entrega a tiempo	Entrega la actividad antes o en su fecha.	Entrega la actividad un día después de la fecha marcada.	Entrega la actividad entre dos y cinco días tarde de la fecha marcada.	Entrega la actividad más de cinco días tarde. No la hace. Está copiada.
Calidad foto	La foto es excelente, se ve nítidamente, el plano es cenital, no se ven otros objetos que no pertenezcan al conjunto.	La foto se ve nítidamente, aunque falta alguno de los anteriores (objetos que no pertenecen al conjunto o utiliza un plano diferente).	La foto no se ve nítida, falta alguno de los elementos anteriores.	La foto es de mala calidad, el plano no es cenital, se ven otros elementos que no pertenecen al conjunto. No lo hace. Está copiado.
Contenido	La explicación es estupenda, sin repeticiones, coherente.	Hay elementos que se repiten sin sentido o un pequeño error de coherencia.	La explicación es escasa, hay repeticiones de contenido y algunas incoherencias.	La explicación es muy escasa. Hay constantes repeticiones e incoherencias. No lo hace. Está copiado.
Creatividad	El resultado final de la actividad es muy creativo.	El resultado final de la actividad es creativo.	El resultado final de la actividad es adecuado.	El resultado final de la actividad es muy poco creativo. No lo hace. Está copiado.

Fuente: Berta Ocaña

6.6. Literpub

Literpub es un proyecto que desarrolla la literatura a través de la publicidad. Los estudiantes utilizan su creatividad y habilidades de comunicación para crear anuncios publicitarios tomando como pretexto elementos claves de la obra literaria seleccionada que adaptan al lenguaje publicitario.

Situación de aprendizaje

¿Estás listo para convertirte en un creativo publicitario literario? Tu desafío, si decides aceptarlo, es crear un anuncio publicitario impactante y persuasivo basado en un libro de literatura que te haya cautivado. Tu objetivo es capturar la esencia de la historia, los personajes y los temas del libro, y presentarlos de manera atractiva para atraer a tu audiencia y motivarlos a leer el libro.

Para superar este desafío, necesitarás utilizar tu creatividad y tu conocimiento del libro para identificar los aspectos más destacados que puedan interesar a tu audiencia. Diseña un anuncio que transmita la emoción, la intriga y la relevancia del libro, utilizando imágenes, texto y elementos visuales impactantes.

¿Estás listo para aceptar el desafío y demostrar tu habilidad para combinar la literatura con el arte de la publicidad? ¡Demuestra tu talento como creativo publicitario literario y deja a tu audiencia ansiosa por descubrir más sobre la historia del libro!

Objetivos

- Fomentar el gusto por la lectura al tiempo que se trabajan obras literarias en su contexto.
- Fomentar la creatividad y originalidad
- Fomentar la autoconfianza y autoexpresión.
- Mejorar las habilidades de producción de vídeo.
- Fomentar la participación y la interacción en el trabajo colaborativo.
- Desarrollar habilidades de expresión oral y corporal.

Objetivos de desarrollo sostenible (ODS)

Algunos ODS que pueden ser relevantes para el proyecto son:

1. ODS 4 - Educación de Calidad: Al crear anuncios publicitarios basados en un libro de literatura, los estudiantes pueden promover la alfabetización, la comprensión lectora y el análisis crítico de textos literarios, contribuyendo así a una educación de calidad.
2. ODS 12 - Producción y Consumo Responsables: Al fomentar la creatividad y la innovación en la creación de anuncios publicitarios, el proyecto puede promover prácticas de producción y consumo responsables al centrarse en mensajes éticos y sostenibles.
3. ODS 13 - Acción por el Clima: Los anuncios publicitarios pueden ser una herramienta efectiva para sensibilizar sobre cuestiones ambientales y promover acciones para combatir el cambio climático y proteger el medio ambiente, contribuyendo así a la acción por el clima.
4. ODS 16 - Paz, Justicia e Instituciones Sólidas: Alentar a los estudiantes a reflexionar sobre temas de justicia social, igualdad y diversidad a través de la creación de anuncios publicitarios puede promover sociedades pacíficas e inclusivas y fortalecer las instituciones.
5. ODS 17 - Alianzas para Lograr los Objetivos: El proyecto puede fomentar la colaboración y el trabajo en equipo entre estudiantes, profesores y la comunidad en general al crear alianzas para abordar cuestiones sociales, culturales y ambientales a través de la publicidad responsable.

Duración

El proyecto se llevará a cabo a lo largo de varias semanas, durante un único trimestre, combinando sesiones en el aula (semanales) y trabajo autónomo fuera del aula. Siempre se empieza presentando el proyecto en la primera sesión antes de abordar la lectura para que los alumnos puedan leer teniendo de referencia lo que se les va a pedir que realicen.

Fases del proyecto

Selección de la obra de Lectura. Los estudiantes eligen una obra de lectura que hayan estudiado en clase o que estén leyendo en ese momento.

Análisis de la obra. Los estudiantes realizan un análisis detallado de la obra seleccionada, identificando temas, personajes, escenas importantes y elementos clave de la trama. Utilizan herramientas y conceptos de la literatura para comprender y apreciar la obra en su totalidad.

Desarrollo del concepto publicitario. Los estudiantes desarrollan un concepto creativo para su anuncio publicitario, teniendo en cuenta el público objetivo, el mensaje principal que desean transmitir, el tipo de publicidad que quieran crear (institucional o comercial), los elementos imprescindibles de un anuncio (eslogan, texto e imagen) y los medios de comunicación seleccionados. Se visualizan en el aula anuncios que incluyen conceptos literarios. Sirvan de ejemplo: Comunitat Valenciana (Lope de Vega), Gran Capitán (Lazarillo de Tormes), Seat (Julio Cortázar) y Chanel (Caperucita) entre otros. En el enlace a @lasdelengua de esta publicación puedes encontrar estos y más ideas.

Producción del anuncio. Los estudiantes crean el anuncio publicitario utilizando herramientas y recursos disponibles, como software de edición de vídeo (*CapCut, Inshot, iMovie,* etc.). Se aseguran de que el anuncio sea visualmente atractivo, persuasivo y coherente con el mensaje y la estética de la obra de lectura.

Presentación y evaluación: Los estudiantes presentan sus anuncios publicitarios en el aula, compartiendo su creatividad y explicando las decisiones de diseño y comunicación. Se facilita una discusión en la que se evalúan y se brindan retroalimentación sobre los anuncios de sus compañeros.

Criterios de evaluación

- Creatividad y originalidad del concepto publicitario.
- Claridad y persuasión del mensaje transmitido en el anuncio.
- Coherencia con la obra de lectura seleccionada.

- Calidad técnica y estética del anuncio (edición de vídeo, diseño gráfico, etc.).
- Participación activa en la presentación y discusión del anuncio publicitario en el aula.

Recursos necesarios

- Ejemplares de la obra de lectura seleccionada.
- Equipos de grabación de vídeo (cámaras, teléfonos móviles).
- Software de edición de vídeo y diseño gráfico.
- Acceso a internet para búsqueda de recursos y referencias.

QR y enlace a @lasdelengua para más información

https://www.instagram.com/p/CeBlW2MMO18/?igsh=ZDFzZTY0YzcxOGZ1

Este proyecto ofrece a los estudiantes una oportunidad única para combinar su pasión por la creatividad publicitaria con su amor por la lectura, fomentando así el desarrollo de habilidades de comunicación, creatividad y análisis literario. Al crear anuncios publicitarios inspirados en obras de lectura, los estudiantes no solo promueven el interés por la lectura entre sus compañeros, sino que también profundizan su comprensión y aprecio por la obra seleccionada.

Rúbrica de evaluación del literpub

CRITERIO	EXCELENTE	BUENO	SUFICIENTE	INSUFICIENTE
Características	El mensaje publicitario transmite muchos conceptos en pocas frases, imágenes o sonidos. Se memoriza con facilidad. Pondera las ventajas del producto.	El mensaje se alarga por repeticiones innecesarias. Pondera algunas ventajas del producto. La memorización no es del todo fácil	El mensaje contiene muchas repeticiones (exceptuando el eslogan). Solo pondera la ventaja más evidente del producto. La memorización es difícil.	El mensaje es demasiado largo o demasiado corto. El receptor no podría repetirlo.
Elementos	El anuncio contiene: descripción del producto, marca, logotipo e imagen.	En el anuncio falla alguno de los elementos anteriores.	En el anuncio faltan dos elementos.	El mensaje no contiene los elementos de un anuncio.
Recursos persuasivos	Se capta la atención del receptor pro el color, imágenes, tipo de letra, música o preguntas sugerentes.	En el anuncio hay dos recursos de los que figuran en la columna anterior.	En el anuncio solo hay un recurso persuasivo.	En el anuncio no hay recursos.
Estructura	Encabezamiento, cuerpo y eslogan.	En el anuncio aparece la parte central y el eslogan.	En el anuncio solo hay eslogan.	El anuncio no se ajusta a la estructura en ninguna parte.
Literatura	Se deduce claramente la obra literaria seleccionada e incorpora elementos claves de la misma.	Se deduce la obra literaria pero no incorpora elementos claves de la misma.	Se deduce con dificultad la obra elegida y no incorpora elementos claves.	No se relaciona con la obra elegida ni incorpora elementos claves.

Adaptación de https://cedec.intef.es/banco-de-rubricas-y-otros-documentos/

6.7. Draw my life

Draw muy life es un proyecto en el que los estudiantes graban un vídeo a cámara rápida en el que narran al mismo tiempo que dibujan palabras claves y elementos relacionados con la obra literaria propuesta. Es un texto expositivo, pero con un fuerte contenido visual. Se puede hacer a mano (en una pizarra o papel blancos) mientras se graba para editarlo después o digital (a través de app).

Situación de aprendizaje

¿Estás preparado para contar la historia de un libro de una manera única y creativa? Tu desafío, si decides aceptarlo, es crear un Draw My Life que narre la trama, los personajes y los temas principales de un libro de literatura que te haya impactado. Tu objetivo es utilizar ilustraciones y narración para guiar a tu audiencia a través de la historia del libro, compartiendo los momentos más memorables y las lecciones más importantes que ofrece.

Para superar este desafío, necesitarás combinar tus habilidades artísticas con tu comprensión profunda del libro. Utiliza imágenes simples pero expresivas para representar los eventos clave de la historia, y acompaña tus dibujos con una narración clara y emotiva que conecte con la audiencia.

¿Estás listo para aceptar el desafío y llevar la historia del libro a la vida a través del arte y la narración? ¡Demuestra tu talento como narrador visual y deja que tu Draw My Life inspire a otros a explorar el maravilloso mundo de la literatura!

Objetivos

- Leer y valorar obras de literatura despertando el gusto por la lectura.
- Mejorar su expresión oral.
- Desarrollar su creatividad y originalidad.
- Mejorar las habilidades de producción de vídeo.
- Fomentar la participación y la interacción en el trabajo colaborativo.

Objetivos de desarrollo sostenible (ODS)

Algunos ODS que pueden ser relevantes para el proyecto son:

1. ODS 4 - Educación de Calidad: El proyecto puede promover el valor de la literatura de calidad y fomentar el aprecio de las obras clásicas y su relevancia en la cultura contemporánea.
2. ODS 11 - Ciudades y Comunidades Sostenibles: Los textos expositivos creados con la técnica de *Draw my Life* pueden enriquecer la vida cultural de una comunidad, fortaleciendo su identidad y promoviendo el patrimonio cultural.
3. ODS 17 - Alianzas para Lograr los Objetivos: Al colaborar con músicos, historiadores y otras partes interesadas, se pueden establecer alianzas para preservar y promover el legado musical clásico y su relevancia en la actualidad.

Duración

El proyecto se llevará a cabo a lo largo de varias semanas, durante un único trimestre, combinando sesiones en el aula (semanales) y trabajo autónomo fuera del aula. Siempre se empieza presentando el proyecto en la primera sesión antes de abordar la lectura para que los alumnos puedan leer teniendo de referencia lo que se les va a pedir que realicen.

Fases del proyecto

1. Selección del libro de lectura. Los estudiantes eligen un libro de lectura que hayan trabajado en clase o que estén leyendo en ese momento. Se aconseja trabajar en pequeños grupos por la posible complejidad del texto seleccionado.
2. Análisis del libro. Los estudiantes realizan un análisis detallado del libro seleccionado, identificando temas, personajes, eventos clave y elementos importantes de la trama. Utilizan herramientas y conceptos de la literatura para comprender y apreciar la obra en su totalidad.

3. Desarrollo del guion de *Draw My Life*. Los estudiantes elaboran el guion para su proyecto que incluye una introducción al libro y su autor, un resumen breve de la trama, análisis de los personajes y temas principales, y su opinión sobre la obra. También identifican los momentos clave que serán representados visualmente en el vídeo.
4. Producción del vídeo. Los estudiantes crean el vídeo utilizando técnicas de dibujo y animación para representar visualmente los elementos destacados en su guion. Pueden utilizar herramientas digitales o técnicas de animación tradicionales, según sus habilidades y recursos disponibles.
5. Narración y edición del vídeo: Los estudiantes graban la narración de su *Draw My Life* y editan el vídeo para asegurarse de que la narrativa visual y auditiva esté sincronizada y sea coherente. Se aseguran de que el vídeo sea claro, entretenido y efectivo en la transmisión del mensaje sobre la obra literaria.
6. Presentación y evaluación: Los estudiantes presentan sus *Draw My Life* en el aula, compartiendo su creatividad y explicando sus análisis y reflexiones sobre el libro seleccionado. Se facilita una discusión en la que se evalúan y se brindan retroalimentación sobre los vídeos de sus compañeros.

Criterios de evaluación

- Profundidad y precisión del análisis literario del libro seleccionado.
- Creatividad y originalidad en la representación visual de la obra a través de *Draw My Life*.
- Claridad y coherencia en la narrativa y edición del vídeo.
- Participación en la presentación y discusión del *Drew My Life* en el aula.
- Capacidad para aplicar conceptos y conocimientos de la literatura en la creación y análisis del vídeo.

Recursos necesarios

- Ejemplares del libro de lectura seleccionado.

- Material de dibujo y animación (papel de rollo o pizarra blanca, lápices o rotuladores de colores, app de animación como *Postón, VIdeoScribe* o *Scikman*)
- Equipos de grabación de audio y vídeo.
- Acceso a herramientas de edición de vídeo.

QR y enlace a @lasdelengua para más información

https://www.instagram.com/p/ClRwhT9LvGv/?igsh=MWo0eWw0cHF2OTJxcA==

Este proyecto ofrece a los estudiantes una oportunidad creativa y personalizada para explorar y comunicar sus ideas sobre una obra literaria a través del arte y la narrativa visual. Al crear un *Draw My Life* sobre el libro seleccionado, los estudiantes no solo profundizan su comprensión y aprecio por la obra, sino que también desarrollan habilidades de análisis crítico, expresión creativa y comunicación efectiva.

Rúbrica de evaluación de draw my life

CATEGORÍA	MUY BIEN	BIEN	REGULAR	MAL
Duración (0,5)	La duración del vídeo se ajusta de forma precisa al tiempo estipulado (entre uno y dos minutos). (0,5 p.)	La duración del vídeo se aproxima más o menos al tiempo estipulado. (0´35 p.)	La duración del vídeo no se ajusta al tiempo estipulado, si bien el desfase no es demasiado grande.. (0´25 p.)	La duración del vídeo no se ajusta en absoluto al tiempo estipulado. (0 p.)
Contenido (2)	En el vídeo se distinguen de forma muy clara tres partes: presentación, desarrollo (en el que aparecen recogidos de forma ordenada todos los elementos necesarios: datos personales y familiares, prosopografía y etopeya) y despedida y conclusión. (2 p.)	En el vídeo se distinguen de forma clara tres apartados: presentación, desarrollo y conclusión. Sin embargo, en el desarrollo no se han recogido de forma ordenada todos los elementos necesarios. (1´5 p.)	En el vídeo el alumno no se ha presentado y/o no aparece una conclusión. Además, en el apartado no aparecen algunos elementos que deberían estar presentes. (1 p.)	La información está presentada de forma caótica y desordenada, sin planificación alguna. (0 p.)
Aspectos técnicos (1)	La calidad de la imagen y de l sonido es buena, no se perciben ruidos de fondo y la iluminación es adecuada. (1 p.)	La mayor parte de los aspectos técnicos del vídeo (sonido, iluminación...) es buena; no obstante, existe algún problema técnico. (0´75 p.)	En el vídeo es posible encontrar bastantes fallos técnicos que convendría revisar. (0´5 p.)	Desde el punto de vista técnico, el vídeo es muy descuidado, lo que provoca la aparición de problemas técnicos muy graves.(0 p.)

Aspectos lingüísticos (3)	Texto oral: Se ha vocalizado, entonado y utilizado las pausas de forma precisa y perfecta. Texto escrito: No se aprecian errores ortográficos, morfosintácticos ni léxicos. (3 p.)	Texto oral: La entonación, la vocalización y/o el volumen de voz no es del todo correcta. Texto escrito; Aparecen uno o dos errores ortográficos, morfosintácticos o léxicos. (2 p.)	Texto oral: La entonación, la vocalización y/o el volumen de voz empleado presenta bastantes carencias. Texto escrito: Aparecen tres o cuatro errores ortográficos, morfosintácticos o léxicos. (1 p.)	Texto oral: La entonación, vocalización y/o volumen de voz es totalmente inadecuado. Texto escrito: Aparecen más de cuatro errores ortográficos, morfosintácticos o léxicos. (0 p.)
Dibujos (2)	Los dibujos son muy originales, creativos y expresan con claridad el mensaje que se desea transmitir. (2 p.)	Los dibujos son originales, creativos y expresan con bastante claridad el mensaje que se desea transmitir. (1´5 p.)	Los dibujos son un tanto descuidados y no siempre consiguen expresar con claridad el mensaje que se desea transmitir. (1 p.)	Los dibujos son, en general, bastante descuidados y no expresan con claridad el mensaje que se quiere transmitir. (0 p.)
Originalidad (1)	Es muy original y creativo. (1 p.)	Es bastante original y creativo. (0´75 p.	Es poco original y creativo. (0´5 p.)	No es nada original ni creativo. (0 p.)
Música de fondo (0,5)	Se ha añadido al vídeo música de fondo con licencia *Creative Commons* y se ha especificado su procedencia. Además, dicha música es muy adecuada a la situación comunicativa. (0,5)	Se ha añadido al vídeo música de fondo con licencia *Creative Commons*. Sin embargo, no se ha especificado su procedencia y/o no es demasiado adecuada a la situación comunicativa. (0´35 p.)	Se ha añadido al vídeo música de fondo, pero es imposible saber si tiene licencia Creative Commons. Además, no se ha especificado la procedencia de la música y/o no es adecuada a la situación comunicativa. (0´25 p.)	No se ha añadido música de fondo al vídeo.(0 p.)

Fuente: https://www.entornoalalengua.com/2017/11/autorretrato-audiovisual.html#more

6.8. Nuestro Cancionero

La música siempre ha estado ligada a nuestra vida. De hecho, las canciones son una muestra cultural de una manera de vivir. Vamos a realizar un cancionero siguiendo la estela de los que se escribieron a partir del siglo XV

Situación de aprendizaje

¿Estás listo para darle un giro moderno a la poesía clásica? Tu desafío, si decides aceptarlo, es actualizar letras de canciones de cancioneros literarios con música y crear un videoclip que transmita la esencia y el mensaje de la obra literaria. Tu objetivo es fusionar la poesía antigua con los ritmos contemporáneos, creando una experiencia musical que conecte con el público actual y celebre la riqueza de la literatura clásica.

Para superar este desafío, necesitarás combinar tu conocimiento de la literatura con tu creatividad musical y visual. Selecciona letras de canciones que te inspiren y que puedas adaptar al estilo musical que elijas. Luego, compón la música y crea un videoclip que complemente y enriquezca la experiencia auditiva con imágenes evocativas y significativas.

¿Estás listo para aceptar el desafío y llevar la poesía clásica al mundo moderno a través de la música y el vídeo? ¡Demuestra tu talento como compositor y director artístico y deja que tu reinterpretación de los cancioneros literarios inspire a una nueva generación de amantes de la música y la poesía!

Objetivos

- Conocer y valorar los cancioneros tradicionales
- Adaptar los cancioneros tradicionales a las características culturales de nuestros días.
- Trabajar la tipología textual.
- Desarrollar la expresión oral
- Mejorar la competencia digital
- Fomentar la participación y la interacción en el trabajo colaborativo.

Objetivos de desarrollo sostenible (ODS)

Algunos ODS que pueden ser relevantes para el proyecto son:

1. ODS 4 - Educación de Calidad: El proyecto de actualizar cancioneros puede promover el acceso a una educación musical de calidad y fomentar la apreciación de la música histórica y su relevancia en la cultura contemporánea.
2. ODS 9 - Industria, Innovación e Infraestructura: Al actualizar canciones medievales y renacentistas, se puede fomentar la innovación en la música y la industria creativa, así como el desarrollo de nuevas formas de expresión musical utilizando tecnologías modernas.
3. ODS 10 - Reducción de las desigualdades: Al revitalizar los cancioneros clásicos y hacerlos accesibles al público contemporáneo, se puede contribuir a reducir las desigualdades culturales y promover la diversidad y la inclusión en el ámbito musical.
4. ODS 11 - Ciudades y Comunidades Sostenibles: La actualización de los cancioneros puede enriquecer la vida cultural de una comunidad, fortaleciendo su identidad y promoviendo el patrimonio cultural.
5. ODS 17 - Alianzas para Lograr los Objetivos: Al colaborar con músicos, historiadores y otras partes interesadas, se pueden establecer alianzas para preservar y promover el legado musical clásico y su relevancia en la actualidad.

Duración

El proyecto se llevará a cabo a lo largo de varias semanas, durante un único trimestre, combinando sesiones en el aula (semanales) y trabajo autónomo fuera del aula. Siempre se empieza presentando el proyecto en la primera sesión antes de abordar la lectura para que los alumnos puedan leer teniendo de referencia lo que se les va a pedir que realicen.

Fases del proyecto

1. Selección de Canciones Clásicas. Los estudiantes reflexionan elaborando un texto argumentativo sobre aspectos relacionados

con las canciones tradicionales vs las actuales: forma de conseguirlas, almacenamiento, ventajas e inconvenientes de las plataformas digitales... Además, lee los poemas seleccionados por el profesor en una antología de los Cancioneros de Baena, Stúñiga y General que servirán como base para el proyecto.

2. Análisis de las letras originales clásicas. Los estudiantes analizan las letras originales de las canciones seleccionadas, identificando temas, estilos poéticos, imágenes y metáforas utilizadas en el contexto histórico y cultural en el que fueron escritas. Para ello elaborarán una ficha de tres canciones seleccionadas por ellos mismos de la antología antes mencionada.
3. Análisis de las letras originales actuales. Los estudiantes identifican temas y experiencias contemporáneas relevantes que deseen explorar y reflejar en las letras actualizadas de las canciones, como el amor en la era digital, la igualdad de género, la crisis ambiental, etc. Para ello, seleccionan dos canciones preferidas suyas y elaboran su ficha técnica. Esto les permitirá contrastar los elementos más importantes de ambas selecciones para analizar la evolución en letras, ritmos...
4. Escritura de Letras Actualizadas. De las tres composiciones clásicas analizadas, los estudiantes reescriben la letra siendo lo más fiel posible a la evolución de las palabras al español de hoy. Para ello, se instruye al alumno en unas pequeñas nociones de gramática histórica resaltando las evoluciones fonéticas más frecuentes.
5. Producción del vídeo. Los estudiantes prueban y revisan las letras actualizadas de las canciones para que sean coherentes, efectivas y respetuosas con la esencia y el mensaje de las originales y se graban cantándolas para elaborar una pista con música.
6. Edición del vídeo. Los alumnos editan el vídeo con app digitales tales como *iMovie*, *Inshot*, *CapCut*, etc. Además, aquellos que opten por dar un paso más, montan el videoclip de la canción actualizada.
7. Presentación y evaluación. Los estudiantes presentan sus canciones actualizadas en el aula explicando el proceso de actualización y las razones detrás de las elecciones creativas realizadas. Además,

las suben a una plataforma junto con la presentación que incluye el guion de realización, texto argumentativo inicial y fichas técnicas de las canciones seleccionadas. Se facilita una discusión en la que se evalúan y se brindan retroalimentación sobre los vídeos de sus compañeros

Criterios de evaluación

- Creatividad y originalidad en la actualización de las letras de las canciones clásicas.
- Calidad de la música y estilo en la obra nueva creada.
- Coherencia en la realización de la actualización de la letra.
- Respeto y comprensión de las obras literarias originales.
- Calidad poética y expresiva en la dicción.
- Habilidad para comunicar y explicar el proceso creativo y las elecciones artísticas realizadas.

Recursos necesarios

- Antología elaborada por el docente o seleccionada por él.
- Material de escritura y recursos de investigación.
- Acceso a herramientas de edición de texto y música.
- Equipos de grabación y reproducción de audio.

QR y enlace a @lasdelengua para más información

https://www.instagram.com/reel/CxGp22ZNx7M/?igsh=MWgxczV0NzMyemQ4bA==

Este proyecto ofrece a los estudiantes una oportunidad única para conectar la literatura clásica con la cultura contemporánea, fomentando la creatividad, el análisis crítico y la expresión artística. Al actualizar las letras de canciones clásicas, los estudiantes exploran la relevancia y la atemporalidad de la literatura, al tiempo que reflexionan sobre los temas y preocupaciones de nuestra sociedad actual.

Otros aspectos

La antología que elaboré para este proyecto está disponible en el enlace a mi *LInktree* disponible en la Bio de Instagram.

Rúbrica de evaluación de Nuestro Cancionero

CRITERIO	EXCELENTE	BUENO	REGULAR	MALO
Canciones	Las canciones elegidas son consenso de todo el equipo de trabajo.	Las canciones son elegidas por consenso de todo el equipo y otras ideas.	Las canciones son elegidas parcialmente por consenso sino parcialmente por el equipo de trabajo.	Las canciones no son elegidas por consenso del equipo.
Análisis de las canciones	Se rellena la ficha requerida de forma completa para todas las canciones.	Se rellenan las fichas requeridas de forma incompleta de todas las canciones.	Se rellenan algunas fichas requeridas de forma total o incompleta de las canciones.	No se rellenan o muy levemente las fichas requeridas o de algunas de las canciones.
Dicción y tono	Los estudiantes articulan claramente y el texto es entendible.	Los estudiantes articulan las palabras un poco claro y el texto puede entenderse en su mayoría.	El estudiante algunas veces articula bien las palabras pero el texto frecuentemente no se entiende.	El estudiante rara vez articula las palabras y el texto no se entiende.
Calidad de la música y estilo	Los niveles e intensidad de sonido son obvios y adecuados al estilo de música que se canta.	Los niveles de intensidad de sonido son por lo general precisos y constantes.	Los niveles de intensidad de sonido varían pero se pueden distinguir.	No se prestó atención a los niveles de sonido.
Incorporación a la lista de reproducción	Todas las canciones están subidas en tiempo y forma a la lista de reproducción.	Parte de las canciones están subidas en tiempo y forma a la lista de reproducción.	Una o parte de las canciones están subidas en la lista de reproducción pero no en tiempo y forma.	No se suben las canciones a la lista de reproducción.
Exposición y presentación del proyecto	Presenta el proyecto de forma adecuada, trabajando en equipo y atendiendo al público. Entrega la tarea completa.	Presenta el proyecto de forma adecuada trabajando en equipo y atendiendo al público. Entrega la tarea parcialmente completa.	Presenta el proyecto de forma poco adecuada, no se aprecia trabajo en equipo y no atiende al público. Entrega la tarea incompleta.	No se ajusta el proyecto a la presentación requerida, no atiende al público, presenta la tarea incompleta, fuera de plazo o no la hace.

6.9. Sierra Minera Noticias

Los géneros periodísticos ayudan a cultivar habilidades fundamentales a los estudiantes. A través de la práctica de escribir noticias, reportajes, entrevistas... desarrollan habilidades de comunicación efectiva, pensamiento crítico y alfabetización mediática. Además, fomentan su capacidad de investigar, evaluar fuentes y discernir entre diferentes perspectivas preparando a los estudiantes para participar de manera informada en el mundo mediático actual.

Con esta actividad quería que los alumnos eligieran los tres momentos más relevantes de la obra literaria seleccionada (en nuestro caso ha sido *Fuenteovejuna* de Lope de Vega por lo que tenían que destacar un suceso por acto) para darles formato de noticia y recrear un telediario en que interpretaban los personajes de la obra teatral.

Situación de aprendizaje

¿Estás listo para convertirte en un reportero teatral de renombre? Tu desafío, si decides aceptarlo, es elaborar un telediario en el que se presenten tres sucesos importantes de cada uno de los tres actos de una obra teatral seleccionada. Tu objetivo es informar a tu audiencia sobre los eventos clave de la obra, proporcionando detalles relevantes, entrevistas y análisis que ayuden a comprender la trama y los personajes.

Para superar este desafío, necesitarás utilizar tus habilidades periodísticas para investigar, recopilar información y presentarla de manera clara y objetiva. Identifica los sucesos más significativos de cada acto de la obra, prepara entrevistas con los personajes principales y crea una presentación dinámica y atractiva que mantenga el interés de la audiencia.

¿Estás listo para aceptar el desafío y llevar la cobertura periodística al mundo del teatro? ¡Demuestra tu talento como reportero teatral y deja que tu telediario transporte a tu audiencia al emocionante mundo de la obra teatral!

Objetivos

- Profundizar en la comprensión de una obra de teatro mediante el análisis de sus eventos y personajes.

- Desarrollar habilidades periodísticas, como la investigación, redacción y presentación de noticias.
- Fomentar la creatividad y la expresión artística al adaptar elementos literarios a un formato audiovisual.
- Mejorar las habilidades de comunicación oral y audiovisual.
- Promover el trabajo en equipo y la colaboración en la producción de un proyecto multimedia.

Objetivos de desarrollo sostenible (ODS)

Algunos ODS que pueden ser relevantes para el proyecto son:

1. ODS 4 - Educación de Calidad: Al producir un telediario, los estudiantes pueden mejorar sus habilidades de investigación, comunicación y presentación, contribuyendo así a una educación de calidad.
2. ODS 11 - Ciudades y Comunidades Sostenibles: Si el telediario aborda cuestiones urbanas o comunitarias, podría destacar iniciativas locales para promover ciudades más sostenibles, inclusivas y resilientes.
3. ODS 16 - Paz, Justicia e Instituciones Sólidas: Si el telediario cubre temas relacionados con la justicia social, los derechos humanos o la prevención de conflictos, podría contribuir a promover sociedades pacíficas, justas e inclusivas.
4. ODS 17 - Alianzas para Lograr los Objetivos: Al colaborar con diferentes partes interesadas, como organizaciones locales, líderes comunitarios o expertos en temas específicos, el telediario puede fomentar alianzas para abordar desafíos sociales y ambientales de manera más efectiva.

Duración

El proyecto se llevará a cabo a lo largo de varias semanas, durante un único trimestre, combinando sesiones en el aula (semanales) y trabajo autónomo fuera del aula. Siempre se empieza presentando el proyecto en la primera sesión antes de abordar la lectura para que los alumnos puedan leer teniendo de referencia lo que se les va a pedir que realicen.

Fases del proyecto

1. Selección de la obra literaria. Los estudiantes elegirán la obra de teatro adecuada para su nivel extraída (literatura autónoma) de un listado propuesto por el profesor o la indicada por él (lectura guiada).
2. Lectura y análisis. Los estudiantes leerán la obra de teatro en el aula y analizarán cada acto, identificando los eventos clave, los personajes principales y los temas importantes.
3. Planificación del telediario. En grupos, los estudiantes planifican la estructura y el contenido de su telediario literario, decidiendo qué aspectos de la obra de teatro cubrirán en cada reportaje.
4. Investigación y preparación. Los estudiantes llevarán a cabo investigaciones sobre los temas y eventos de la obra de teatro, recopilando información relevante y preparando entrevistas ficticias con personajes clave.
5. Producción del Telediario. Los grupos producirán sus telediarios, grabando los reportajes y ensayando las presentaciones en formato noticias.
6. Edición y postproducción. Los estudiantes editarán sus grabaciones, agregando efectos visuales y sonoros apropiados para mejorar la calidad y el impacto de su telediario. Puede ser con app como *Canva, Inshot, CapCut*.
7. Presentación y evaluación. Los grupos presentarán sus telediarios en el aula, compartiendo sus reportajes y reflexionando sobre el proceso de creación. Se realizará una evaluación del proyecto, teniendo en cuenta la calidad de contenido, la presentación y la colaboración en grupo.

Criterios de evaluación

- Creatividad y originalidad en la edición de los géneros periodísticos elegidos.
- Calidad de la imagen y sonido del proyecto.
- Coherencia en la realización del telediario.
- Habilidad para comunicar y dramatizar un texto teatral.

- Profundidad y precisión del análisis literario de la obra seleccionada.

Recursos necesarios

- Ejemplares de la obra de teatro seleccionada
- Equipos de grabación de vídeo y audio.
- Software de edición de vídeos.
- Acceso a recursos en línea para investigación.
- Espacio para presentaciones en el aula.

QR y enlace a @lasdelengua para más información

https://www.instagram.com/reel/CtKbpuAM04Z/?igsh=ejc1NTdpamxqa3Rv

Este proyecto educativo literario proporcionará a los estudiantes una experiencia práctica y multidisciplinaria que combina el estudio de la literatura con habilidades periodísticas y audiovisuales. Al adaptar los elementos de una obra de teatro a un formato de telediario, los estudiantes desarrollarán una comprensión más profunda de la obra y mejorarán sus habilidades de comunicación y trabajo en equipo.

Otros aspectos

Para este proyecto mis alumnos elaboraron material audiovisual en el parque Puy Du Fou España que luego incorporaron de fondo en las escenas que recreaban el mundo barroco de Fuenteovejuna. Es una excursión que les enriqueció no solo para este trabajo sino para su conocimiento histórico literario desde la Edad Media al Barroco que recomiendo encarecidamente para alumnos de 3º de ESO.

Rúbrica de evaluación de Sierra Minera Noticias

CRITERIO	EXCELENTE	BIEN	SUFICIENTE	INSUFICIENTE
Guion /escaleta	Presenta una estructura clara con introducción, desarrollo y cierre. Incluye diálogos bien escritos y adecuados al tono de un telediario. Refleja con precisión los sucesos elegidos.	Tiene una estructura clara, aunque algunos diálogos podrían estar mejor desarrollados.	La estructura es básica o poco clara, con diálogos que necesitan más trabajo.	Falta claridad en la estructura o los diálogos no son coherentes con la obra.
Selección de sucesos	Los acontecimientos elegidos son relevantes y representativos de cada acto, mostrando una comprensión profunda de la obra.	La selección es adecuada, pero podría incluir eventos más representativos.	Se eligen sucesos con menor relevancia o que no reflejan bien la trama.	Los sucesos elegidos son irrelevantes o no se relacionan con la obra.
Análisis en el documento (justificación, repercusión, contexto, personajes y opinión crítica)	Responde todas las preguntas con argumentos sólidos, referencias a la obra y reflexión crítica.	Responde adecuadamente, aunque con menos profundidad o sin desarrollar algunas ideas clave.	Responde de forma superficial o incompleta, sin profundizar en el análisis.	No responde las preguntas o lo hace de manera confusa y sin relación con la obra.
Adaptación formato telediario	Se adapta perfectamente al estilo de un noticiero, con un lenguaje y estructura adecuados. Uso creativo de recursos periodísticos.	Se adapta bien al formato, aunque con algunos aspectos mejorables en lenguaje o estructura.	Se adapta de forma parcial, con fallos en el tono periodístico o falta de cohesión.	No se ajusta al formato o de telediario; parece una simple narración.

Expresión oral y lenguaje	Pronunciación clara, tono adecuado y uso correcto del lenguaje. Se nota fluidez y dominio del contenido.	Buena expresión oral aunque con algunas pausas o dudas.	Expresión oral con errores o falta de fluidez que dificultan la comprensión.	Dificultades notorias en la expresión oral, con problemas graves de pronunciación o lenguaje inadecuado.
Calidad audiovisual (edición, sonido, imagen)	Excelente uso de edición, sonido e imagen. La presentación es atractiva y profesional.	Buena calidad, aunque con pequeños errores técnicos.	Calidad aceptable, pero con fallos en edición, sonido o imagen.	Baja calidad técnica, con problemas graves que afectan la comprensión.
Creatividad e interpretación	La puesta en escena es innovadora, con interpretaciones expresivas y bien logradas. Se nota el esfuerzo creativo.	La interpretación es buena aunque podría tener más expresividad o dinamismo.	Interpretación plana o poco convincente; falta de creatividad.	No hay esfuerzo en la interpretación; es monótona o sin emoción.
Ortografía y redacción	Sin errores ortográficos o gramaticales. Redacción clara, bien estructurada y formal.	Algunos errores menores, pero no afectan la comprensión.	Errores ortográficos o de redacción que dificultan la lectura.	Múltiples errores que afectan la comprensión y la calidad del trabajo.

6.10. Corto documental

Este proyecto es del libro de texto para 4º ESO de SM Savia. El objetivo es que los alumnos elaboren un corto documental que capture de manera detallada y realista el entorno en el que viven, inspirándose en los principios del realismo literario del siglo XIX. Utilizando técnicas cinematográficas y narrativas, explorará su entorno desde una perspectiva objetiva y detallada, buscando capturar la vida cotidiana, los paisajes urbanos y naturales, y las personas que habitan en su comunidad.

Puede parecer a simple vista que esta actividad no responde a la comprobación lectora de la lectura trimestral. Sin embargo, cuando ahondas un poco en la cuestión, descubres que lo importante de elegir una lectura realista es que sean capaces de reconocer los rasgos que la caracterizan: las descripciones minuciosas, el tempo lento de las acciones, la sicología de los personajes… Y este es el objetivo principal de este proyecto. Mis alumnos leyeron en el aula *El indulto y otros cuentos* de Emilia Pardo Bazán. Son cuentos que, por su extensión, nos permitieron leerlos y debatir sobre ellos. Todos los leímos en clase y de ahí que me decantara por esta actividad.

Situación de aprendizaje

¿Estás listo para ser un cineasta realista del siglo XXI? Tu desafío, si decides aceptarlo, es crear un corto documental que explore los aspectos más importantes de tu entorno, detallándolo al estilo de los autores realistas españoles. Tu objetivo es capturar la esencia de tu entorno de manera fiel y detallada, reflejando la vida cotidiana, las personas y los lugares con un enfoque realista y sincero.

Para superar este desafío, necesitarás investigar y observar cuidadosamente tu entorno, identificando los detalles y aspectos más significativos que deseas destacar en tu documental. Utiliza técnicas cinematográficas realistas, como planos largos, narrativa secuencial y tono objetivo, para transmitir una visión auténtica y honesta de tu entorno.

¿Estás listo para aceptar el desafío y llevar la tradición realista española al mundo del cine documental? ¡Demuestra tu habilidad como cineasta y deja que tu corto documental transporte a tu audiencia a tu entorno de una manera única y reveladora!

Objetivos

- Explorar y comprender los principios del realismo literario.
- Observar y analizar detalladamente el entorno en el que viven.
- Desarrollar habilidades cinematográficas.
- Utilizar técnicas narrativas para contar historias y transmitir emociones.
- Fomentar la creatividad y la expresión artística al adaptar elementos literarios a un formato audiovisual.
- Mejorar las habilidades de comunicación oral y audiovisual.
- Promover el trabajo en equipo y la colaboración en la producción de un proyecto multimedia.

Objetivos de desarrollo sostenible (ODS)

Algunos ODS que pueden ser relevantes para el proyecto son:

1. ODS 4 - Educación de Calidad: Elaborar un corto documental puede fomentar la investigación, el pensamiento crítico y la comunicación efectiva, promoviendo así una educación de calidad.
2. ODS 11 - Ciudades y Comunidades Sostenibles: Si el corto documental trata sobre el entorno urbano, podría destacar cuestiones relacionadas con la planificación urbana sostenible, el acceso equitativo a servicios básicos y la preservación del patrimonio cultural.
3. ODS 13 - Acción por el Clima: Un corto documental sobre el entorno local podría abordar los efectos del cambio climático en la comunidad y las medidas de adaptación y mitigación necesarias.

4. ODS 15 - Vida de Ecosistemas Terrestres: Si el corto documental se centra en la naturaleza y los paisajes locales, podría resaltar la importancia de la conservación de la biodiversidad y la gestión sostenible de los recursos naturales.
5. ODS 17 - Alianzas para Lograr los Objetivos: Al trabajar en equipo y colaborar con miembros de la comunidad local o expertos en temas específicos, el proyecto del corto documental puede fomentar alianzas para abordar desafíos sociales y ambientales.

Duración

El proyecto se llevará a cabo a lo largo de varias semanas, durante un único trimestre, combinando sesiones en el aula (semanales) y trabajo autónomo fuera del aula. Siempre se empieza presentando el proyecto en la primera sesión antes de abordar la lectura para que los alumnos puedan leer teniendo de referencia lo que se les va a pedir que realicen.

Fases del proyecto

1. Investigación y análisis del realismo literario. Los estudiantes investigarán y analizarán los principios del realismo literario al estudiar estos Saberes Básicos en la materia de Lengua Castellana y Literatura en 3º ESO. Además, leerán en el aula el libro de lectura seleccionado por el profesor. (Lectura guiada)
2. Observación y recopilación de material visual. Los estudiantes realizarán una selección de los elementos principales del entorno que quieren incluir en su documental. Se centrarán en investigar sobre aspectos culturales, históricos, deportivos, gastronómicos... más importantes. E incluso pueden honrar a una persona ilustre de su zona.
3. Planificación y reproducción. Los estudiantes elaboran un guion con los puntos que van a grabar incluyendo, al menos, dos por cada miembro del grupo. Deben ensayar y preparar todo lo que van a mostrar.

4. Producción del corto documental. Los estudiantes grabarán y editarán su corto documental, utilizando técnicas cinematográficas para capturar el entorno de manera detallada y realista, construyendo así una narrativa coherente y significativa. En cada punto destacado deben realizar una pequeña descripción del mismo al estilo del lenguaje empleado por los escritores españoles realistas.
5. Posproducción y edición. En esta fase, deberán darle un título al corto e incluir los créditos finales con el nombre de los actores, bibliografía relevante, fuentes investigadas... Seleccionarán las mejores tomas, agregando efectos visuales y música ensamblando todo de forma coherente y cohesionada.
6. Presentación y evaluación. Se presenta el corto en el aula para poder compartir experiencias y reflexionar sobre el proceso de creación. Se facilita una discusión en la que se evalúan y se brindan retroalimentación sobre los vídeos de sus compañeros

Criterios de evaluación

- Grado de fidelidad al realismo literario del corto elaborado.
- Calidad cinematográfica incluyendo la composición visual, iluminación, selección de planos y calidad del sonido.
- Narrativa visual usando técnicas para estructurar y dar sentido a las imágenes y sonidos capturados.
- Originalidad y creatividad en la concepción y ejecución.
- Capacidad del estudiante para reflexionar críticamente sobre el proceso creativo.

Recursos necesarios

- Equipos de grabación de vídeo y audio.
- Software de edición de vídeo.
- Ejemplares del libro de lectura propuesto.
- Acceso al entorno local para la observación y recopilación de material visual.

QR y enlace a @lasdelengua para más información

https://www.instagram.com/p/C0C7qZ9NHjs/?igsh=MTdocnI0ODR3c2ZtMw==

Este proyecto proporcionará a los estudiantes una oportunidad única para explorar su entorno desde una perspectiva artística y literaria, utilizando el cine documental como medio para capturar y reflexionar sobre la realidad que los rodea, al estilo de los autores realistas del siglo XIX.

Rúbrica de evaluación de corto documental

INDICADOR	4 EXCELENTE	3 SATISFACTORIO	2 MEJORABLE	1 INSUFICIENTE
Vídeo	Incluye toda la información y partes solicitadas. El alumno ha intentado incluir información a mayores. Es original.	Incluye toda la información y partes solicitadas. Es original.	Incluye toda la información y partes solicitadas. Es básico.	Incluye menos información o partes solicitadas en la tarea.
Originalidad	El producto demuestra gran originalidad. Las ideas son creativas e ingeniosas.	El producto demuestra cierta originalidad. El trabajo demuestra el uso de nuevas ideas y de perspicacia.	Usa ideas de otras personas (dándoles crédito), pero no hay casi evidencia de ideas originales.	Usa ideas de otras personas, pero no les da crédito.
Uso del lenguaje	No hay errores gramaticales, de dicción u ortográficos.	Hay algún error gramatical, de dicción u ortográfico.	Hay errores gramaticales, de dicción u ortográficos.	Hay muchos errores.
Contenido	El vídeo trabaja en profundidad los contenidos con detalles y ejemplos. El conocimiento del tema es excelente.	El vídeo incluye un conocimiento básico del tema.	El vídeo incluye tan solo información esencial del tema y existen 1 o 2 errores sobre los datos.	El contenido incluye muy pocos detalles y existen numerosos errores sobre los datos.
Competencia digital	Los alumnos han trabajado con la herramienta digital muy bien. Han aprendido el manejo de forma autónoma y con la supervisión del profesor.	Los alumnos han trabajado bien con la herramienta digital. Han aprendido el manejo de forma autónoma pero con la supervisión del profesor.	Los alumnos han trabajado con la herramienta digital pero el profesor ha realizado diferentes explicaciones para ayudarles.	Los alumnos no han sido capaces de trabajar con la herramienta digital de forma autónoma

Rúbrica adaptada de: https://cedec.intef.es/rubrica/rubrica-para-evaluar-un-video/

6.11. Ilustramos la poesía con caligramas

Los caligramas son un tipo de composición poética muy de moda a principios del siglo XX. Son la manifestación artística del cubismo vanguardista. Los autores escribían textos poéticos cuya disposición tipográfica esbozaba figuras alusivas al tema tratado.

En este proyecto de literatura y arte multimedia, los estudiantes seleccionarán poemas de una antología previamente establecida y crearán caligramas inspirados en los versos seleccionados. Luego, utilizando técnicas de grabación de vídeo, recitarán los poemas mientras el caligrama que han elaborado sirve como fondo visual. Este proyecto fusiona la creatividad literaria con el arte visual y la expresión oral, ofreciendo a los estudiantes una experiencia única para explorar y compartir la poesía de una manera innovadora y personal.

Situación de aprendizaje

¿Estás preparado para fusionar poesía y arte en una expresión creativa única? Tu desafío, si decides aceptarlo, es elaborar caligramas de poemas seleccionados y grabarte recitándolos, mientras el poema ilustrado se muestra de fondo. Tu objetivo es crear una experiencia audiovisual que combine la belleza de la poesía con la expresión artística de los caligramas, proporcionando una interpretación visualmente estimulante de los versos.

Para superar este desafío, necesitarás seleccionar cuidadosamente los poemas que deseas incluir y diseñar caligramas que complementen y realcen el significado y la estructura de cada poema. Luego, graba tu recitación, asegurándote de expresar las emociones y el ritmo del poema de manera clara y conmovedora, mientras el poema ilustrado se muestra de fondo.

¿Estás listo para aceptar el desafío y llevar la poesía a nuevas alturas artísticas? ¡Demuestra tu talento como poeta visual y deja que tus caligramas recitados inspiren y emocionen a tu audiencia!

Objetivos

- Fomentar la apreciación y comprensión de la poesía a través del análisis de poemas significativos.
- Desarrollar habilidades artísticas y visuales.
- Mejorar las habilidades de expresión oral y comunicación.
- Fomentar la autoexpresión y la creatividad.
- Combinar el arte visual con la grabación de vídeos.

Objetivos de desarrollo sostenible (ODS)

Algunos ODS que pueden ser relevantes para el proyecto son:

1. ODS 4 - Educación de Calidad: Promover el desarrollo de habilidades creativas y analíticas en los estudiantes a través de la interpretación poética y la expresión visual puede contribuir a una educación de calidad y equitativa.
2. ODS 12 - Producción y Consumo Responsables: Fomentar la creatividad utilizando materiales reciclados o reutilizados en la creación de caligramas puede promover prácticas de consumo más sostenibles y reducir el impacto ambiental.
3. ODS 17 - Alianzas para Lograr los Objetivos: Fomentar la colaboración y el trabajo en equipo entre los estudiantes, así como establecer conexiones interdisciplinarias con otras materias, puede promover la construcción de alianzas para abordar los desafíos globales de manera más efectiva.

Duración

El proyecto se llevará a cabo a lo largo de varias semanas, durante un único trimestre, combinando sesiones en el aula (semanales) y trabajo autónomo fuera del aula. Siempre se empieza presentando el proyecto en la primera sesión antes de abordar la lectura para que los alumnos puedan leer teniendo de referencia lo que se les va a pedir que realicen.

Fases del proyecto

1. Selección de poemas. Los estudiantes elegirán varios poemas de la antología proporcionada por el profesor, centrándose en aquellos que les llamen la atención o resuenen con ellos de alguna manera.
2. Creación de caligramas. Utilizando papel y materiales artísticos, los estudiantes diseñarán caligramas que complementen y enriquezcan los versos de los poemas seleccionados. Los caligramas deben incorporar elementos visuales que refuercen el significado y la atmósfera de los poemas.
3. Práctica de Recitación. Los estudiantes practicarán la recitación de los poemas, prestando especial atención a la entonación, el ritmo y la expresividad para transmitir el mensaje y el sentimiento de los versos de manera efectiva.
4. Grabación de vídeo. Utilizando dispositivos de grabación de vídeo o teléfonos inteligentes, los estudiantes grabarán sus recitaciones de los poemas mientras muestran los caligramas que han creado como fondo visual.
5. Edición y Producción. Los estudiantes editarán sus vídeos, agregando efectos visuales y de sonido si lo desean, para crear una presentación final que combine la recitación de los poemas con los caligramas elaborados.
6. Presentación y Reflexión. Los estudiantes compartirán sus vídeos en el aula, ofreciendo reflexiones sobre su proceso creativo y la experiencia de fusionar poesía, arte visual y tecnología digital en un proyecto multifacético y significativo.

Criterios de evaluación

- Ejecución técnica y presentación visual. Calidad y creatividad.
- Coherencia en la realización de la obra incluyendo todo el poema.
- Respeto y comprensión. Coherencia temática.
- Calidad poética y expresiva en la dicción.
- Habilidad para la edición del proyecto digital.
- Expresión personal y conexión emocional.

Recursos necesarios

- Antología de poesías.
- Papel y materiales artísticos para crear caligramas.
- Dispositivos de grabación de vídeo o teléfonos inteligentes.
- Software de edición de vídeo (opcional).
- Espacio para presentaciones en el aula.

QR y enlace a @lasdelengua para más información

https://www.instagram.com/p/C2S-W7_NJXA/?igsh=MTVtejBqYWVwendzdw==

Este proyecto proporciona a los estudiantes una oportunidad única para explorar la poesía de una manera creativa y personal, mientras desarrollan habilidades artísticas, comunicativas y tecnológicas en el proceso.

Rúbrica de evaluación de Ilustramos la poesía con caligramas

CRITERIO	SOBRESALIENTE	NOTABLE	APROBADO	INSUFICIENTE
Contenido (2)	El tema del poema se representa claramente y se relaciona con el objeto dibujado.	Se identifica claramente el tema del poema pero no se relaciona completamente con el objeto dibujado.	Tema confuso y se relaciona parcialmente con el objeto dibujado.	El tema es confuso y no se relaciona con el objeto dibujado.
Diseño (2,5)	Las palabras forman claramente el objetivo elegido y su lectura resulta fácil. Todas las rimas y versos se refieren al objeto dibujado.	Las palabras forman claramente el objeto elegido pero la lectura es difícil. Las rimas y versos no se refieren al objeto dibujado.	Las palabras forman inconscientemente el objeto elegido. Un verso o una rima no se relacionan con el objeto dibujado. Lectura con pequeñas dificultades.	Más de dos rimas o versos no se relacionan con el objeto dibujado. Lectura imposible.
Uso de la lengua (2,5)	Presenta cinco o más figuras literarias (principalmente metáfora, símil, hipérbole, paralelismo...). El texto presenta un mínimo de 12 versos. No presenta faltas.	El caligrama presenta tres o cuatro figuras literarias. Letra pequeña y desordenada. No presenta un mínimo de 9 versos. Hay dos faltas de ortografía.	El caligrama presenta una o dos figuras literarias. No presenta un mínimo de 6 versos. Hay hasta tres faltas de ortografía.	El caligrama no presenta ninguna figura literaria. No presenta un mínimo de 3 versos. Hay más de tres faltas de ortografía.
Creatividad (2)	Es muy creativo en su ejecución y el resultado es muy vistoso. Es original y de creación propia.	Es creativo en su ejecución con resultado vistoso. Creación propia.	Es creativo pero sin un resultado vistoso. La creación propia es dudosa.	Ni creativo ni vistoso. No es de creación propia.
Limpieza (1)	El caligrama está limpio y no presenta borrones ni arrugas.	Está limpio en general, sin tachones aunque con algunas arrugas.	No está del todo limpio y presenta algunos tachones y arrugas.	Caligrama sin ninguna limpieza. Con tachones y arrugas.

6.12. Trazando el alma. La Casa de Bernarda Alba en monólogos

Situación de aprendizaje

¿Estás preparado para sumergirte en el mundo de la actuación y dar vida a un personaje literario en un monólogo final inolvidable? Tu desafío, si decides aceptarlo, es crear un monólogo interpretando a uno de los personajes de una obra literaria al término de su lectura. Tu objetivo es profundizar en la psicología y emociones del personaje para ofrecer una interpretación auténtica y conmovedora que resuma su viaje a lo largo de la historia.

Para superar este desafío, necesitarás estudiar detenidamente el personaje que has elegido y analizar su desarrollo a lo largo de la obra. Identifica los momentos clave y las experiencias que han moldeado al personaje, y utiliza este conocimiento para escribir un monólogo que capture su voz y su trayectoria emocional. Practica tu actuación para transmitir la profundidad y complejidad del personaje de manera convincente y poderosa.

¿Estás listo para aceptar el desafío y convertirte en el personaje literario que siempre has admirado? ¡Demuestra tu talento como actor y deja una impresión duradera en tu audiencia con tu monólogo final!

Objetivos

- Profundizar en la comprensión de la obra *La Casa de Bernarda Alba* de Federico García Lorca.
- Desarrollar habilidades de análisis literario y caracterización de personajes.
- Fomentar la creatividad y la expresión artística a través de la creación de un monólogo.
- Mejorar las habilidades de expresión oral y presentación en público.
- Reflexionar sobre los temas universales de la obra y su relevancia en la sociedad actual.

Objetivos de desarrollo sostenible (ODS)

Algunos ODS que pueden ser relevantes para el proyecto son:

1. ODS 4 - Educación de Calidad: Promover una educación de calidad en la comprensión de la obra literaria, fomentar habilidades de análisis y expresión, y mejorar la capacidad de los estudiantes efectivamente a través del monólogo implica también investigación y reflexión crítica, aspectos fundamentales de una educación de calidad.
2. ODS 5 - Igualdad de Género: Al permitir que todos los estudiantes, independientemente de su género, participen en la creación de los monólogos y en la interpretación de los personajes, este proyecto promueve la igualdad de género al proporcionar una plataforma equitativa para expresarse y compartir sus ideas y habilidades artísticas.
3. ODS 10 - Reducción de las Desigualdades: Este proyecto fomenta la inclusión y la diversidad al permitir que los estudiantes exploren diferentes perspectivas y experiencias a través de los monólogos. Además, alentar la reflexión sobre temas universales como la opresión, la represión y la libertad, contribuye a sensibilizar sobre la importancia de reducir las desigualdades en la sociedad.
4. ODS 16 - Paz, Justicia e Instituciones Sólidas: El análisis de *La Casa de Bernarda Alba* y la creación de los monólogos pueden promover la reflexión sobre cuestiones de justicia social, libertad individual y derechos humanos, contribuyendo así a la promoción de la paz y la justicia en la sociedad.

Duración

El proyecto se llevará a cabo a lo largo de varias semanas, durante un único trimestre, combinando sesiones en el aula (semanales) y trabajo autónomo fuera del aula. Siempre se empieza presentando el proyecto en la primera sesión antes de abordar la lectura para que los alumnos puedan leer teniendo de referencia lo que se les va a pedir que realicen.

Fases del proyecto

1. Lectura y análisis de la obra. Los estudiantes leerán y discutirán *La Casa de Bernarda Alba* para comprender la trama, los personajes, los temas y el contexto histórico y cultural.
2. Selección de un personaje. Cada estudiante elegirá un personaje de la obra para su monólogo final. Esta elección se basará en su interés y comprensión del personaje.
3. Investigación del personaje. Los estudiantes realizarán una investigación detallada sobre el personaje elegido, incluyendo su papel en la obra, sus motivaciones, características y relaciones con otros personajes.
4. Escritura del monólogo. Utilizando la información recopilada en la investigación, los estudiantes escribirán un monólogo en primera persona desde la perspectiva del personaje. El monólogo debe reflejar una comprensión profunda del personaje y su papel en la obra.
5. Práctica y grabación. Los estudiantes practicarán y perfeccionarán su monólogo antes de grabarlo. La representación puede incluir elementos de actuación y expresión oral para mejorar la interpretación del personaje.
6. Presentación y reflexión. Después de las presentaciones, se llevará a cabo una discusión en clase donde los estudiantes reflexionarán sobre su proceso de creación, compartirán sus experiencias y observaciones sobre los diferentes personajes y temas de la obra.

Criterios de evaluación

- La puesta en escena: uso de *atrezzo* para la representación y otros elementos destacables.
- Comprensión profunda y detallada de la obra.
- Desarrollo del personaje. Domina el texto completo mostrando una comprensión profunda del personaje.
- Expresión oral y actuación. Nivel del compromiso y habilidad interpretativa.
- Creatividad y originalidad.

Recursos necesarios

- Ejemplares de la obra seleccionada.
- Recursos de investigación; tanto libros como material en línea.
- Espacio para la representación del monólogo.
- Equipo de grabación para registrar el monólogo para su revisión posterior.

QR y enlace a @lasdelengua para más información

https://www.instagram.com/p/C6CPPsctqjZ/?igsh=MThjOGRleGJ1aGc3cQ==

Este proyecto proporciona una experiencia enriquecedora que combina la literatura, el arte y la expresión personal, promoviendo un aprendizaje significativo y una mayor apreciación por las obras literarias clásicas.

Rúbrica de evaluación para el monólogo

CATEGORÍAS	EXCELENTE	NOTABLE	APROBADO	INSUFICIENTE
Entrega y puesta en escena	Entrega el monólogo escrito en fecha y emplea atrezzo para su interpretación.	Entrega el monólogo en fecha pero no emplea atrezzo para su interpretación.	Entrega el monólogo fuera de fecha y no emplea atrezzo para su interpretación.	No entrega el monólogo en fecha ni emplea atrezzo en su interpretación.
Comprensión de la obra	Muestra una comprensión profunda y detallada de la obra, con análisis perspicaces de los personajes y las relaciones	Demuestra una comprensión sólida de la trama, los personajes y temas principales.	Muestra una comprensión básica de la obra, pero con algunas lagunas o malinterpretaciones.	No evidencia comprensión de la trama, los personajes o los temas principales.
Desarrollo del personaje (texto)	El monólogo demuestra un desarrollo excepcional del personaje, con matices y complejidad que reflejan una comprensión profunda. Domina el texto completo	El monólogo muestra un desarrollo sólido del personaje, con una representación fiel de su personalidad, motivaciones y emociones. Olvida una línea del texto.	Hay un intento limitado de desarrollar al personaje, pero falta profundidad y coherencia. Olvida partes del texto.	El monólogo carece de desarrollo del personaje y no muestra conexión con la personalidad del personaje seleccionado. Se olvida del texto o emplea algún soporte como ayuda.
Expresión oral y actuación	La expresión oral es vívida y emocionante, con una entrega convincente y expresiva. La actuación muestra un alto nivel de compromiso y habilidad interpretativa.	La expresión oral es clara y adecuadamente enfatizada, y la actuación muestra un nivel básico de emoción y expresión corporal.	La expresión oral es comprensible pero monótona, y la actuación es limitada en cuanto a expresividad y gestos.	La expresión oral es inaudible o poco clara, sin vocalizar, y la actuación carece de emoción o energía.
Creatividad y originalidad	El monólogo es altamente creativo y original, ofreciendo una perspectiva única y provocativa del personaje y la obra. Logra el impacto emocional.	Se evidencia creatividad en la elección del enfoque del monólogo y la presentación del personaje con ideas frescas y originales. Logra medianamente el impacto emocional buscado en el espectador.	Muestra cierta creatividad en la interpretación del personaje y la presentación del monólogo, pero falta originalidad. Logra escasamente el impacto emocional en el espectador.	El monólogo carece de originalidad y se limita a repetir elementos de la obra sin aportar nuevas ideas o perspectivas. No logra el impacto emocional buscado en el espectador.

7

Otros proyectos para trabajar la lectura trimestral en secundaria y bachillerato

Los proyectos que implican la lectura trimestral en el aula sin depender de la tecnología son fundamentales también para enriquecer la experiencia de los estudiantes con los textos literarios. Estas actividades fomentan una comprensión más profunda de los libros al permitir que los estudiantes se sumerjan en los mundos creados por los autores. Además, ofrecen oportunidades para que los estudiantes expresen su creatividad y se conecten personalmente con la lectura a través de diversas formas de expresión artística, como la dramatización, la creación de dioramas o la elaboración de manualidades. Al trabajar en proyectos, los estudiantes también desarrollan habilidades importantes como el pensamiento crítico, la resolución de problemas y la colaboración en equipo. Estas actividades proporcionan una evaluación más completa de la comprensión de los estudiantes, ya que les permiten demostrar su conocimiento y habilidades de manera creativa y significativa. En resumen, los proyectos no digitales son una parte valiosa del proceso de enseñanza de la lectura trimestral en el aula, ya que enriquecen la experiencia de los estudiantes y promueven un aprendizaje también profundo y significativo.

Me parecía importantísimo reseñar también proyectos educativos que implican la lectura trimestral sin necesidad de elementos digitales puesto que son una alternativa valiosa en situaciones donde existen desafíos como la brecha digital o la falta de recursos. En entornos donde no todos los estudiantes tienen acceso equitativo a la tecnología o donde los recursos son limitados, los proyectos no digitales ofrecen una solución práctica y efectiva. Estas actividades pueden realizarse con materiales simples y accesibles, como papel, lápices, libros y otros recursos disponibles en el aula. Al centrarse en la creatividad, la imaginación y las habilidades analíticas de los estudiantes, estos proyectos promueven un aprendizaje significativo y enriquecedor, independientemente de las limitaciones tecnológicas o de recursos. Además, al destacar y reseñar proyectos que se destacan en este sentido, se fomenta la innovación y se inspira a otros educadores a buscar soluciones creativas y adaptativas para abordar los desafíos presentes en sus propias aulas. En resumen, creo que no solo es interesante por su valor pedagógico, sino también porque demuestra que la educación puede ser inclusiva y accesible para todos, incluso en circunstancias adversas.

Una opción muy interesante es la de combinar proyectos no digitales con proyectos digitales a lo largo del curso. Es una excelente manera de proporcionar a los estudiantes una experiencia educativa equilibrada y variada. Al alternar entre actividades manuales y digitales en diferentes trimestres, se garantiza que los estudiantes desarrollen y mantengan tanto habilidades manuales como digitales de manera integral. Esto les permite adquirir una amplia gama de habilidades y competencias, preparándolos para enfrentar los desafíos tanto en entornos tradicionales como en entornos digitales.

Además, esta variedad en los enfoques de enseñanza también puede mantener alto el interés y la motivación de los estudiantes a lo largo del año escolar, ya que experimentan una variedad de métodos de aprendizaje y tienen la oportunidad de explorar sus intereses y fortalezas en diferentes contextos. Al mismo tiempo, esta práctica fomenta la flexibilidad y la adaptabilidad en el aprendizaje, habilidades cada vez más importantes en el mundo actual en constante cambio.

Os presento en este capítulo seis propuestas más para trabajar las lecturas que, como dije anteriormente, no son exclusivas de un único género literario. Es más, pueden emplearse para trabajar Saberes básicos si lo vemos más oportuno. Os mostraré de nuevo el QR para el acceso al perfil de @lasdelengua donde encontraréis más información de la que está ya publicada en el muro.

7.1. Scrapbook

Scrapbook es una forma de expresión artística que combina el arte del diseño con la preservación de recuerdos y momentos especiales. Consiste en crear álbumes de recortes o cuadernos decorados con fotografías, recortes, adornos y otros elementos decorativos para documentar eventos, viajes, experiencias personales, o cualquier otro tema significativo. Los *scrapbooks* suelen ser personalizados y reflejar la creatividad y estilo de quien los crea. Pueden incluir una variedad de elementos, como fotografías impresas o digitales, tarjetas, billetes, postales, etiquetas, papeles decorativos, cintas, pegatinas, sellos, entre otros.

En nuestro caso, los estudiantes crearán un *scrapbook* temático basado en un libro de lectura asignado por el profesor. El *scrapbook* será una representación visual y creativa de los elementos clave del libro, incluyendo personajes, escenas importantes, citas destacadas, símbolos y temas principales.

Situación de aprendizaje

Has sido desafiado a fusionar la magia de la literatura con tu creatividad artística. Tu misión es crear un scrapbook inspirado en un libro de lectura seleccionado por el profesor. ¿Estás listo para sumergirte en las páginas de tu libro favorito y dar vida a sus mundos y personajes a través del arte del scrapbooking?

Tu scrapbook será tu lienzo para explorar y expresar los momentos más memorables, las emociones más intensas y los mensajes más profundos de la historia que has leído.

¡Demuestra tu destreza literaria y artística mientras transformas simples páginas en obras maestras llenas de creatividad y significado!

Objetivos

- Profundizar en la comprensión del libro de lectura mediante el análisis y la representación visual de sus elementos clave.

- Fomentar la creatividad y la expresión artística a través del diseño y la composición del *scrapbook*.
- Desarrollar habilidades de síntesis y organización al seleccionar y organizar contenido relevante del libro.
- Promover el pensamiento crítico al reflexionar sobre el significado y la importancia de los elementos seleccionados para el *scrapbook*.
- Mejorar las habilidades de presentación al compartir el *scrapbook* y explicar sus elecciones creativas ante el grupo.

Objetivos de desarrollo sostenible (ODS)

Algunos ODS que pueden ser relevantes para el proyecto son:

1. ODS 4 - Educación de Calidad: Promover la comprensión y apreciación de la literatura a través del análisis y la representación visual de los libros de lectura.
2. ODS 11 - Ciudades y Comunidades Sostenibles: Incentivar la creatividad y la expresión artística en el ámbito educativo contribuye al enriquecimiento cultural y social de las comunidades locales.
3. ODS 12 - Producción y Consumo Responsables: Promover el uso responsable de materiales y recursos en la elaboración de los *scrapbooks,* fomentando la reutilización de materiales y la reducción de residuos.
4. ODS 17 - Alianzas para Lograr los Objetivos: Fomentar la colaboración entre estudiantes, profesores y comunidades locales en la creación y presentación de los *scrapbooks,* promoviendo así una cultura de trabajo en equipo y cooperación.

Duración

El proyecto se llevará a cabo a lo largo de varias semanas, durante un único trimestre, combinando sesiones en el aula (semanales) y trabajo autónomo fuera del aula. Siempre se empieza presentando el proyecto en la primera sesión antes de abordar la lectura para que los alumnos puedan leer teniendo de referencia lo que se les va a pedir que realicen.

Fases del proyecto

1. Selección del Libro. Cada estudiante seleccionará un libro de lectura asignado por el profesor para crear su *scrapbook*.
2. Lectura y Análisis. Los estudiantes leerán el libro cuidadosamente y analizarán sus elementos clave, como personajes, trama, escenas importantes y temas.
3. Diseño del *Scrapbook*. Utilizando materiales artísticos y de papelería, los estudiantes diseñarán y crearán su *scrapbook*, organizando las páginas de manera creativa y temática.
4. Selección de Contenido. Los estudiantes seleccionarán citas destacadas, descripciones de personajes, imágenes y otros elementos del libro para incluir en su *scrapbook*.
5. Explicación y Presentación. Los estudiantes presentarán sus *scrap-books* ante el grupo, explicando sus elecciones creativas y discutiendo el significado y la importancia de los elementos seleccionados.

Criterios de evaluación

- Creatividad y Originalidad
- Comprensión del libro y coherencia temática
- Organización y presentación.
- Expresión personal.
- Reflexión Crítica
- Presentación Oral

Recursos necesarios

- Libros de lectura asignados por el profesor
- Papel de *Scrapbook*, cartulinas, pegamento, tijeras, marcadores, lápices de colores y otros materiales artísticos.
- Acceso a recursos de arte y manualidades, como sellos, recortes, cintas decorativas, etc.

- Espacio para trabajar en el diseño y la creación de *scrapbook*.

QR y enlace a @lasdelengua para más información

https://www.instagram.com/p/CszMYfcNPjb/?igsh=cmRkZWprYW1xbmo2

Este proyecto educa a los estudiantes de manera integral, combinando la comprensión literaria con la expresión artística y la presentación oral, y fomenta una mayor apreciación por la lectura y la creatividad.

Rúbrica de evaluación del scrapbook

CRITERIO DE EVALUACIÓN	EXCELENTE	BUENO	ACEPTABLE	BAJO
Estructura	La estructura del Scrapbook es clara y organizada, siguiendo adecuadamente todas las secciones requeridas.	La estructura del Scrapbook es clara y organizada, pero podría mejorar la presentación de algunas secciones.	La estructura del Scrapbook es aceptable, pero faltan algunas secciones o la presentación no es del todo clara.	La estructura del Scrapbook es confusa o desordenada, faltan varias secciones requeridas.
Presencia de los personajes	Los personajes centrales del libro están presentes en el Scrapbook, se describe adecuadamente su importancia en la historia.	Los personajes centrales del libro están presentes en el Scrapbook, pero se podría mejorar la descripción de su importancia.	Algunos personajes centrales del libro están presentes en el Scrapbook, pero falta descripción de su importancia.	No se incluyen o se describen correctamente los personajes del libro en el Scrapbook.
Datos del autor	Se incluyen datos relevantes sobre el autor del libro, como su nombre, nacionalidad y alguna información biográfica.	Se incluyen datos sobre el autor del libro, pero podrían ser más completos o detallados.	Se incluye algún dato sobre el autor, pero falta información relevante o detallada.	No se incluyen o se describen correctamente los datos del autor del libro.
Claridad	El Scrapbook es claro y fácil de entender. La información se presenta de forma ordenada y concisa.	El Scrapbook es en su mayoría claro y fácil de entender, aunque algunas secciones podrían ser más claras.	El Scrapbook es comprensible, pero algunas secciones son confusas o poco claras.	El Scrapbook es confuso y difícil de entender.
Empleo del lenguaje	El lenguaje utilizado en el Scrapbook es preciso, variado y adecuado para la edad y nivel de los estudiantes.	El lenguaje utilizado en el Scrapbook es en su mayoría preciso y adecuado para la edad y nivel de los estudiantes.	El lenguaje utilizado en el Scrapbook es aceptable, pero podría ser más preciso o variado.	El lenguaje utilizado en el Scrapbook es inapropiado o poco claro.

Ortografía y redacción	El Scrapbook presenta un excelente nivel de ortografía y redacción, sin errores significativos.	El Scrapbook presenta un buen nivel de ortografía y redacción, con pocos errores insignificantes.	El Scrapbook presenta algunos errores de ortografía y redacción, pero no afectan la comprensión del texto.	El Scrapbook presenta múltiples errores de ortografía y redacción que dificultan la comprensión del texto.
Presentación general	El Scrapbook tiene una presentación visual atractiva y cuidada, con un buen uso de colores, imágenes y materiales.	El Scrapbook tiene una presentación visual adecuada, pero se podrían mejorar algunos aspectos de diseño.	El Scrapbook tiene una presentación aceptable, pero le falta cuidado en los aspectos de diseño.	El Scrapbook tiene una presentación descuidada o poco atractiva visualmente.
Creatividad	El Scrapbook muestra una gran originalidad y creatividad en el uso de elementos visuales y en la presentación de la información.	El Scrapbook muestra alguna originalidad y creatividad en el uso de elementos visuales y en la presentación de la información.	El Scrapbook muestra cierta creatividad en el uso de elementos visuales y en la presentación de la información.	El Scrapbook carece de originalidad y creatividad en el uso de elementos visuales y en la presentación de la información.
Creatividad	El Scrapbook muestra una gran originalidad y creatividad en el uso de elementos visuales y en la presentación de la información.	El Scrapbook muestra alguna originalidad y creatividad en el uso de elementos visuales y en la presentación de la información.	El Scrapbook muestra cierta creatividad en el uso de elementos visuales y en la presentación de la información.	El Scrapbook carece de originalidad y creatividad en el uso de elementos visuales y en la presentación de la información.

Fuente: https://edtk.co/rbk/68886

7.2. Caviardage

Caviardage es una técnica de escritura creativa que consiste en descubrir la poesía subyacente en un texto. Su nombre proviene de "caviar". De ahí que la técnica consista en ocultar un texto con el color negro para mostrar aquello que resuene o provoque emoción. Su creadora es Tina Festa.

Nosotros lo hemos aplicado al género lírico. Mis estudiantes han seleccionado los poemas de una antología que elaboré para trabajarlos con esta técnica. Además, han elaborado un documento explicando los motivos por los que eligieron las palabras de cada poema y el sentido del dibujo realizado.

Situación de aprendizaje

¿Estás listo para explorar nuevas formas de expresión poética? Tu desafío es realizar un proyecto de caviardage con poemas seleccionados. El caviardage es una técnica artística que implica la modificación de un texto existente, resaltando o eliminando palabras para crear un nuevo significado o una nueva experiencia poética. Tu objetivo es reinterpretar los poemas seleccionados a través de esta técnica, creando composiciones visuales únicas que despierten la imaginación y la reflexión.

Para superar este desafío, necesitarás estudiar cuidadosamente los poemas seleccionados y experimentar con diferentes enfoques de caviardage. Puedes resaltar palabras clave, eliminar o reorganizar fragmentos de texto, o incluso combinar múltiples poemas en una sola composición. La clave es crear nuevas obras que mantengan la esencia y el espíritu de los poemas originales mientras exploran nuevos caminos creativos.

¿Estás listo para aceptar el desafío y llevar la poesía a nuevas fronteras artísticas? ¡Demuestra tu habilidad como poeta visual y deja que tus composiciones de caviardage inspiren y sorprendan a tu audiencia!

Objetivos

- Introducir a los estudiantes en la técnica del *caviardage* y su aplicación en el contexto poético.

- Fomentar la creatividad y la expresión artística a través de la reinterpretación de poemas.
- Profundizar la comprensión de los elementos poéticos como el lenguaje figurativo, el ritmo y la estructura.
- Promover la reflexión crítica sobre el significado y la interpretación de los poemas seleccionados.

Objetivos de desarrollo sostenible (ODS)

Algunos ODS que pueden ser relevantes para el proyecto son:

1. ODS 4 - Educación de Calidad: Este proyecto fomenta la educación de calidad al introducir a los estudiantes en la técnica del *caviardage* y profundizar su comprensión de la poesía, promoviendo así habilidades creativas y críticas.
2. ODS 9 - Industria, Innovación e Infraestructura: El *caviardage* es una técnica innovadora que estimula la creatividad y la expresión artística de los estudiantes, contribuyendo al desarrollo de habilidades innovadoras.
3. ODS 10 - Reducción de las Desigualdades: Al brindar a todos los estudiantes la oportunidad de participar en actividades creativas y educativas, este proyecto contribuye a reducir las desigualdades al promover la inclusión y la igualdad de oportunidades.
4. ODS 17 - Alianzas para Lograr los Objetivos: Este proyecto puede promover la colaboración entre estudiantes, maestros y comunidades educativas para alcanzar objetivos educativos compartidos y fomentar la creatividad y el aprendizaje mutuo.

Duración

El proyecto se llevará a cabo a lo largo de varias semanas, durante un único trimestre, combinando sesiones en el aula (semanales) y trabajo autónomo fuera del aula. Siempre se empieza presentando el proyecto en la primera sesión antes de abordar la lectura para que los alumnos puedan leer teniendo de referencia lo que se les va a pedir que realicen.

Fases del proyecto

1. Introducción al *caviardage*. Los estudiantes recibirán una explicación detallada de la técnica del *caviardage* y su aplicación en la poesía.
2. Selección de poemas. Se proporcionará a los estudiantes una antología de poemas de diferentes estilos y temas. Cada estudiante elegirá dos poemas para trabajar tras su lectura.
3. *Caviardage*. Los estudiantes modificarán los poemas seleccionados utilizando la técnica del *caviardage*. Esto incluirá la eliminación, resaltado o reorganización de palabras para crear una nueva interpretación visual del poema.
4. Creación del documento explicativo. Los estudiantes prepararán un documento escrito que explique el proceso de *caviardage* utilizado en cada poema. Este documento incluirá una reflexión sobre las decisiones creativas tomadas durante el proceso.
5. Presentación. Los estudiantes compartirán sus obras *caviardage* y sus documentos explicativos en una sesión de presentación en clase. Se fomentará la discusión y el intercambio de ideas sobre las diferentes interpretaciones de los poemas.

Criterios de evaluación

- Creatividad y originalidad en el diseño elegido.
- Diseño ajustado a las ideas o emociones que se quiere transmitir
- Limpieza en el *caviardage* presentado.
- Entrega del documento justificativo.
- Contenido ajustado a las palabras escogidas.

Recursos necesarios

- Antología de poemas
- Lápices de colores y papel
- Documento justificativo del trabajo realizado.

QR y enlace a @lasdelengua para más información

https://www.instagram.com/p/C7pjBHhNK-2/?igsh=NGRieTE3OWt6b2ww

Este proyecto les permite a los alumnos explorar la literatura desde nuevas perspectivas, fomentando su pensamiento crítico y su capacidad para encontrar significado en las palabras. Además, les anima a reflexionar sobre el poder del lenguaje y su capacidad para inspirar, emocionar y transformar. En última instancia, les ayuda a desarrollar una conexión más profunda con la literatura y a apreciar su riqueza y diversidad.

Rúbrica de evaluación del caviardage

CATEGORÍA	SOBRESALIENTE	NOTABLE	APROBADO	INSUFICIENTE
Entrega	Entrega en tiempo y forma	Entrega en tiempo pero no en forma	Entrega en forma pero no en tiempo	Entrega ni en tiempo ni en forma
Contenido	Las palabras escogidas expresan en su conjunto un contenido completo y son más del número mínimo exigido.	Las palabras escogidas expresan parcialmente en su conjunto una idea global y son más del número exigido.	Las palabras escogidas no expresan en su conjunto total una idea global y el número es el mínimo exigido.	Las palabras escogidas no expresan en su conjunto total una idea global y el número es menor del mínimo exigido.
Diseño	El diseño expresa claramente la idea o emoción que se quiere transmitir.	El diseño expresa parcialmente la idea o emoción que se quiere transmitir.	El diseño expresa levemente la idea o emoción que se quiere transmitir.	El diseño no expresa la idea o emoción que se quiere transmitir.
Creatividad	Es muy creativo en su ejecución y el resultado es muy vistoso. Es original y de creación propia.	Es creativo en su ejecución con resultado vistoso. Creación propia.	Es creativo pero sin un resultado vistoso. La creación propia es dudosa.	Ni creativo ni vistoso. No es de creación propia.
Limpieza	El caviardage está limpio y no presenta borrones ni arrugas.	El caviardage está limpio en general, sin tachones aunque con algunas arrugas.	No está del todo limpio y presenta algunos tachones y arrugas.	Caligrama sin ninguna limpieza. Con tachones y arrugas.
Documento	Entrega el documento justificando ampliamente la elección del poema y el diseño empleado.	Entrega el documento justificando brevemente la ejecución del poema y el diseño empleado.	Entrega el documento incompleto tanto por la explicación de la elección del poema como por el diseño empleado.	No entrega el documento.

7.3. Lapbook

El proyecto de *Lapbook* Literario ofrece a los estudiantes la oportunidad de profundizar en la comprensión de un libro de literatura mediante la creación de un *lapbook* interactivo. Un *lapbook* es una herramienta educativa que combina el aprendizaje con la creatividad, permitiendo a los estudiantes recopilar, organizar y presentar información de manera visual y práctica. A través de este proyecto, los estudiantes no solo explorarán los temas, personajes y eventos del libro, sino que también desarrollarán habilidades de organización, expresión artística y pensamiento crítico.

Situación de aprendizaje

¿Estás preparado para explorar la literatura de una manera interactiva y única? Tu desafío, si decides aceptarlo, es crear un lapbook literario que represente un libro de tu elección. Un lapbook es una herramienta educativa que combina el aprendizaje con el juego, permitiendo al estudiante recopilar y organizar información de una manera visual y práctica. Tu objetivo es crear un lapbook que capture la esencia y los elementos clave del libro, ofreciendo una experiencia interactiva que fomente la exploración y el descubrimiento.

Para superar este desafío, necesitarás investigar y seleccionar cuidadosamente los elementos que deseas incluir en tu lapbook, como resúmenes de capítulos, perfiles de personajes, mapas literarios, citas importantes y análisis temáticos. Luego, organiza estos elementos de manera creativa y atractiva en un formato de lapbook, utilizando técnicas de plegado, recorte y decoración para crear un producto final impresionante.

¿Estás listo para aceptar el desafío y llevar tu experiencia de lectura al siguiente nivel? ¡Demuestra tu creatividad y habilidades organizativas y crea un lapbook literario que sea tanto educativo como divertido!

Objetivos

- Fomentar la comprensión profunda del libro de literatura seleccionado, incluyendo sus temas, personajes y mensajes.

- Desarrollar habilidades de organización y síntesis al recopilar y organizar información relevante en un formato visual.
- Estimular la creatividad y expresión artística a través del diseño y la decoración del *lapbook*.
- Promover el pensamiento crítico al reflexionar sobre la conexión entre los elementos del libro y su relevancia en el mundo real.
- Cultivar el trabajo en equipo y la colaboración al compartir ideas y recursos para la creación del *lapbook*.

Objetivos de desarrollo sostenible (ODS)

Algunos ODS que pueden ser relevantes para el proyecto son:

1. ODS 4 - Educación de Calidad: Promover la comprensión profunda de la literatura contribuye a una educación de calidad.
2. ODS 12 - Producción y Consumo Responsables: Fomentar la creatividad a través del reciclaje de materiales para la creación del *lapbook*.
3. ODS 15 - Vida de Ecosistemas Terrestres: Concientizar sobre la importancia de la preservación de la literatura como parte del patrimonio cultural.

Duración

El proyecto se llevará a cabo a lo largo de varias semanas, durante un único trimestre, combinando sesiones en el aula (semanales) y trabajo autónomo fuera del aula. Siempre se empieza presentando el proyecto en la primera sesión antes de abordar la lectura para que los alumnos puedan leer teniendo de referencia lo que se les va a pedir que realicen.

Fases del proyecto

1. Lectura del libro: Los estudiantes elegirán un libro de literatura de una lista proporcionada o de su elección, según proponga el profesor.

2. Investigación y recopilación de información: Los estudiantes investigarán sobre el autor, la trama, los personajes, los temas y el contexto histórico o cultural del libro.
3. Diseño y creación del *lapbook*: Los estudiantes diseñarán y decorarán las diferentes secciones del *lapbook*, incluyendo solapas, desplegables, tarjetas y otros elementos interactivos.
4. Presentación y reflexión: Los estudiantes compartirán sus *lapbooks* en una sesión de presentación en clase, explicando las decisiones de diseño y reflexionando sobre la experiencia de creación.

Criterios de evaluación

- Comprensión del libro: Se incluyen todos los elementos de un texto narrativo.
- Organización y estructura del *lapbook*: Se evaluará la organización y estructura del *lapbook*, incluyendo la disposición lógica de la información, la claridad de las secciones y la coherencia visual.
- Creatividad y expresión artística: Se evaluará la creatividad y la expresión artística en el diseño y la decoración del *lapbook*, incluyendo el uso de colores, imágenes, formas y otros elementos visuales.
- Presentación oral: Se evaluará la habilidad del estudiante para comunicar claramente sus ideas durante la presentación oral del *lapbook*, incluyendo la articulación de pensamientos, la fluidez verbal y la capacidad para responder preguntas.
- Colaboración y trabajo en equipo: Se evaluará la capacidad del estudiante para colaborar y trabajar en equipo durante el proceso de creación del *lapbook*, incluyendo la participación activa en discusiones grupales y la contribución al trabajo colectivo.
- Originalidad y atención al detalle: Se evaluará la originalidad y la atención al detalle en el diseño y la ejecución del *lapbook*, incluyendo la incorporación de elementos únicos y la precisión en la presentación de la información.

Recursos necesarios

- Libro de lectura seleccionado
- Cartulinas de colores
- Tijeras, pegamento, rotuladores y lápices de colores
- Fotografías, imágenes impresas y otros materiales de referencia.

QR y enlace a @lasdelengua para más información

https://www.instagram.com/p/CYrBNKXMaEV/?igsh=MWJnMmRtNGJ0bDA0cQ==

El proyecto de *Lapbook* Literario ofrece una experiencia educativa integral que va más allá de la mera comprensión del libro de literatura, brindando a los estudiantes una oportunidad única para aprender, crear y compartir conocimientos.

Rúbrica de evaluación del lapbook

CATEGORÍA	4 EXCELENTE	3 SATISFACTORIO	2 MEJORABLE	1 INSUFICIENTE
Estructura	La presentación de la información favorece su comprensión: es de fácil lectura y asimilación. No se observa información confusa. La información aparece claramente estructurada por lo que el lapbook se comprende sin explicación.	La presentación de la información se comprende en general, aunque se observa alguna información confusa. La información aparece mayormente estructurada por lo que el lapbook se comprende sin explicación.	La presentación de la información no favorece su comprensión: la lectura es compleja y se observa información confusa. La información no aparece estructurada por lo que es necesario explicar el lapbook para comprenderlo.	La información es altamente confusa, no siguiendo ninguna estructura lógica que favorezca su lectura. El lapbook no se comprende.
Contenido	El contenido es rico, apareciendo todos los aspectos requeridos. La información es pertinente, adecuada y abundante.	El contenido es adecuado, apareciendo todos los aspectos requeridos. La información es pertinente y adecuada aunque no siempre abundante.	No aparecen todos los aspectos requeridos y/o la información es demasiado escasa. No toda la información es pertinente y adecuada.	La información no es suficiente para comprender el contenido requerido. O faltan aspectos muy importantes del contenido.
Elementos visuales	Los elementos visuales son abundantes y variados. Su diseño ayuda a la comprensión de la información.	Los elementos visuales son abundantes aunque no excesivamente variados. Su diseño ayuda a la comprensión de la información.	Los elementos visuales son adecuados pero no muy abundantes y/o variados. Su diseño ayuda a la comprensión de la información.	Los elementos visuales son escasos y/o su diseño no ayuda a la comprensión de la información.

Creatividad	Es creativo y su presentación está muy cuidada estéticamente: hay detalles de decoración en la portada, contraportada y espacios interiores. Hay colores y la caligrafía es cuidada.	Es creativo y su presentación está cuidada estéticamente: hay detalles de decoración. Hay colores y la caligrafía es cuidada.	La presentación está cuidada estéticamente aunque no es especialmente creativa: hay detalles de decoración. No hay variedad cromática y/o la caligrafía no es cuidadosa.	La presentación estética no es cuidada ni creativa. Apenas hay detalles de decoración, no hay variedad cromática y/o la caligrafía es descuidada.
Exposición oral	Todos los integrantes del equipo intervienen de manera equilibrada, hablan despacio y utilizan los gestos adecuadamente. La postura de todos durante toda la exposición es correcta.	Todos los integrantes del equipo intervienen de manera equilibrada, hablan despacio y utilizan los gestos adecuadamente. La postura de casi todos durante toda la exposición es correcta.	Los integrantes del equipo intervienen aunque no de manera equilibrada. Mayormente hablan despacio y utilizan los gestos adecuadamente. La postura de la mayoría durante toda la exposición es correcta.	La intervención de los integrantes del grupo es desequilibrada y no utilizan los gestos adecuadamente. La postura de la mayoría durante la exposición es incorrecta.

Fuente: https://cedec.intef.es/rubrica/rubrica-para-evaluar-un-lapbook/

7.4. Ventanas de historias. Cuentacuentos con kamishibai

El *kamishibai* es una forma tradicional japonesa de contar historias combinando ilustraciones en A3 del texto seleccionado con narración oral. Es ideal para trabajar los géneros narrativos. Con dicho proyecto, se promueve la lectura y la creatividad a través de esta técnica puesto que los alumnos cuentan y escuchan historias.

En mi caso, hemos querido que esta experiencia fuera aún más enriquecedora

Situación de aprendizaje

¿Estás listo para embarcarte en una aventura de cuentos como nunca antes? Tu desafío, si decides aceptarlo, es crear un proyecto de cuentacuentos utilizando la técnica del kamishibai. El kamishibai es una forma tradicional japonesa de contar historias que implica narrar cuentos acompañados de ilustraciones en láminas que se deslizan dentro de un teatrillo de madera. Tu objetivo es seleccionar un cuento o historia que te apasione y adaptarlo para ser contado con esta técnica, creando un espectáculo narrativo que encante y emocione a tu audiencia.

Para superar este desafío, necesitarás elegir una historia que se preste bien a la narración visual y practicar la técnica de contar cuentos con kamishibai. Crea o adapta las ilustraciones para cada parte de la historia y practica la sincronización entre las láminas y tu narración oral. El resultado será un espectáculo cautivador que transportará a tu audiencia a un mundo de imaginación y aventura.

Objetivos

- Introducir al alumnado en el arte de contar historias mediante el *kamishibai*.
- Fomentar la imaginación y la creatividad a través de la participación en la creación de historias y dibujos.
- Promover el amor por la lectura y el arte visual.

- Aprender las características principales de los subgéneros narrativos menores.
- Mejorar la expresión oral del alumnado.

Objetivos de desarrollo sostenible (ODS)

Algunos ODS que pueden ser relevantes para el proyecto son:

1. ODS 4 - Educación de calidad. El *kamishibai* puede ser una herramienta efectiva para promover la educación de calidad al fomentar la alfabetización, la comprensión lectora y el amor por la lectura entre los niños y la comunidad en general.
2. ODS 11 - Ciudades y comunidades sostenibles. El proyecto de *kamishibai* puede fortalecer el sentido de comunidad al proporcionar actividades culturales y educativas en barrios y comunidades locales, promoviendo la cohesión social y el desarrollo sostenible.
3. ODS 16 - Paz, justicia e instituciones sólidas. El *kamishibai* puede ser utilizado como una herramienta para promover la tolerancia, la comprensión intercultural y la resolución pacífica de conflictos al abordar temas de diversidad, derechos humanos y justicia social en las historias.

Duración

El proyecto se llevará a cabo a lo largo de varias semanas, durante un único trimestre, combinando sesiones en el aula (semanales) y trabajo autónomo fuera del aula. Siempre se empieza presentando el proyecto en la primera sesión antes de abordar la lectura para que los alumnos puedan leer teniendo de referencia lo que se les va a pedir que realicen.

Fases del proyecto

1. Selección del libro. Cada grupo de estudiantes seleccionará un libro de lectura asignado por el profesor para crear su *kamishibai*. Se establece un calendario de actividades y se determinan los recursos necesarios. Es importante tener en cuenta el público al que va dirigido porque determinará el tipo de texto elegido.

2. Producción de materiales. Crear las láminas del cuento para *kamishibai* o descargarlas de alguna página web. Se les da color y se ordenan secuencialmente.
3. Preparación de la presentación. Se practica la narración oral de las historias, trabajando la entonación, ritmo y expresividad. Se prepara el material adicional que se crea necesario: música o efectos de sonido para mejorar la puesta en escena.
4. Presentación. Se realiza la presentación de los cuentos con *kamishibai* ante el público previamente definido. Y se involucra al público durante la presentación, interactuando con él invitándole a participar en dichos momentos de la historia o haciéndole preguntas.
5. Evaluación y retroalimentación. Se reflexiona sobre el proyecto realizado, realizando una valoración del mismo para mejorarlo en futuras presentaciones.

Criterios de evaluación

- Claridad y coherencia de la narrativa. Las imágenes y el texto deben estar bien sincronizados y seguir una secuencia lógica.
- Creatividad y originalidad. En el diseño de las láminas, enfoque narrativo y selección de historias.
- Calidad visual. Calidad y atractivo de las láminas realizadas.
- Narración oral. Habilidades del narrador para contar historias; entonación, ritmo y expresión vocal.
- Interacción e impacto en la audiencia. Capacidad del narrador para mantener a la audiencia receptiva y participativa.

Recursos necesarios

- Láminas de los cuentos impresas o dibujadas en A3 que se plastifican para mejorar su uso.
- Lápices de colores para la creación de ilustración.
- Teatro *kamishibai* o materiales para su construcción (ya disponemos de uno).
- Espacio adecuado para realizar las sesiones de cuentacuentos.

Otros proyectos para trabajar la lectura trimestral en secundaria y bachillerato

QR y enlace a @lasdelengua para más información

https://www.instagram.com/reel/C64aXMTt_VA/?igsh=MXVtcml4Nm52NHo0

Rúbrica de evaluación de kamishibai

CRITERIO	EXCELENTE	NOTABLE	BUENO	INSUFICIENTE	MUY DEFICIENTE
Organización del grupo de trabajo	El equipo ha repartido las tareas de forma equilibrada, todos han colaborado y se ha trabajado en armonía.	Las tareas se han repartido de forma equilibrada, todos han colaborado pero se ha trabajado de forma algo ruidosa.	Las tareas se han repartido de forma equilibrada aunque no todos han colaborado por igual y se ha trabajado de forma algo ruidosa.	Las tareas no se han repartido de forma equilibrada, algunos han colaborado notablemente menos y se ha trabajado de forma ruidosa.	No ha habido organización en el grupo, ha sido caótico.
Calidad de los dibujos	Los dibujos son excelentes, muestran habilidad y dedicación.	Los dibujos son sobresalientes, muestran habilidad y se entienden claramente.	Los dibujos son buenos, se entienden claramente aunque puedan mejorar en detalles.	Los dibujos son aceptables, pero podrían haber sido más detallados y claros.	Los dibujos son de escasa y dificultan la comprensión del cuento.
Fluidez y entonación de la lectura	La lectura es fluida y muestra una excelente entonación que capta la atención de los compañeros.	La lectura es fluida y muestra una entonación adecuada que mantiene la atención de los compañeros.	La lectura es buena, pero la entonación podría haber sido más adecuada para mantener la atención.	La lectura es aceptable, pero la falta de fluidez y entonación afecta la atención de los compañeros.	La lectura es poco clara y la entonación es deficiente, dificultando la comprensión del cuento.
Participación en la exposición	El estudiante participa de manera activa, clara y precisa en la exposición del kamishibai.	El estudiante participa de manera activa y clara en la exposición del kamishibai.	El estudiante participa de manera adecuada en la exposición del kamishibai, aunque podría ser más claro y preciso.	El estudiante participa de manera adecuada en la exposición del kamishibai, aunque podría ser más claro y preciso.	El estudiante muestra escasa participación y claridad en la exposición del kamishibai.

Fuente: Nora Bravo Poyato

7.5. Palabras en viñetas. Creación de novela gráfica

Situación de aprendizaje

¿Estás listo para dar vida a la literatura a través del arte del cómic? Tu desafío, si decides aceptarlo, es crear un cómic basado en un libro de literatura que te haya cautivado. Tu objetivo es adaptar la historia y los personajes del libro en viñetas emocionantes y expresivas, ofreciendo una nueva perspectiva visual de la narrativa.

Para superar este desafío, necesitarás sumergirte en la historia del libro y seleccionar los momentos clave que quieres incluir en tu cómic. Luego, desarrolla un guion gráfico que organice la trama en paneles y determine el flujo narrativo. Utiliza tu talento artístico para dibujar los personajes, escenarios y eventos de la historia de una manera que capture la esencia y el estilo del libro.

¿Estás listo para aceptar el desafío y llevar la literatura a nuevas alturas visuales? ¡Demuestra tu creatividad y habilidades artísticas y deja que tu cómic inspire a otros a explorar el mundo de la literatura de una manera emocionante y única!

El proyecto *Palabras en Viñetas* invita a los estudiantes a transformar una lectura en prosa en una novela gráfica. A través de esta actividad, los alumnos exploran las técnicas narrativas y visuales utilizadas en la creación de novelas gráficas, al tiempo que profundizan su comprensión de la obra original. Esta iniciativa promueve la creatividad, el pensamiento crítico y la expresión artística, al permitir a los estudiantes reinterpretar la narrativa a través de imágenes y texto visual.

Objetivos

- Fomentar la comprensión profunda de la obra original, identificando temas, personajes y puntos clave de la trama.
- Desarrollar habilidades creativas al transformar la narrativa en un formato visual, utilizando técnicas de dibujo, diseño y escritura.
- Promover el pensamiento crítico al tomar decisiones sobre qué elementos de la historia incluir en la novela gráfica y cómo representarlos visualmente.

- Mejorar la alfabetización visual al explorar cómo las imágenes pueden complementar y enriquecer la narrativa.
- Cultivar habilidades de colaboración y trabajo en equipo al trabajar en parejas o grupos pequeños para crear la novela gráfica.
- Fomentar la apreciación de la diversidad de géneros literarios y formatos de expresión artística.

Objetivos de desarrollo sostenible (ODS)

Algunos ODS que pueden ser relevantes para el proyecto son:

1. ODS 4 - Educación de Calidad. Promover una comprensión profunda de la literatura y fomentar habilidades creativas y críticas.
2. ODS 9 - Industria, Innovación e Infraestructura. Fomentar la innovación y la creatividad en la transformación de la prosa en un formato visual.
3. ODS 10 - Reducción de las Desigualdades. Proporcionar a los estudiantes una oportunidad equitativa para expresarse a través de diferentes medios artísticos y formatos narrativos.
4. ODS 12- Producción y Consumo Responsables. Promover una cultura de producción creativa y consumo responsable de medios artísticos.

Duración

El proyecto se llevará a cabo a lo largo de varias semanas, durante un único trimestre, combinando sesiones en el aula (semanales) y trabajo autónomo fuera del aula. Siempre se empieza presentando el proyecto en la primera sesión antes de abordar la lectura para que los alumnos puedan leer teniendo de referencia lo que se les va a pedir que realicen.

Fases del proyecto

1. Selección de la obra literaria: Seleccionar la obra literaria base que se adaptará al cómic, considerando su relevancia, complejidad y potencial visual.

2. Análisis y adaptación del guion: Analizar la trama, personajes y diálogos de la obra literaria para condensarlos en un guion adaptado al formato de cómic, identificando los momentos clave y la estructura narrativa.
3. Diseño de personajes y escenarios: Crear diseños de personajes y escenarios que reflejen fielmente la ambientación y el estilo de la obra literaria, asegurando una coherencia visual con el contenido original.
4. Bocetos y storyboard: Realizar bocetos y storyboard para planificar la distribución de viñetas y el flujo narrativo de la historia, definiendo la secuencia de eventos y la disposición de los elementos visuales.
5. Ilustración y colorización: Ilustrar las viñetas y añadir color para dar vida a la historia, utilizando técnicas artísticas que resalten la atmósfera y el tono de la obra literaria.
6. Incorporación de texto: Integrar el texto adaptado del guion en las viñetas, cuidando la legibilidad y la armonía visual con las ilustraciones, manteniendo el equilibrio entre el diálogo y la narrativa gráfica.
7. Revisión y ajustes: Revisar el cómic completo para corregir errores, mejorar la cohesión narrativa y garantizar la fidelidad a la obra literaria original, realizando los ajustes necesarios según la retroalimentación recibida.
8. Publicación y difusión: Publicar el cómic finalizado en formato impreso o digital, compartiéndolo con la comunidad educativa y promoviendo su difusión para ampliar su alcance y fomentar la apreciación de la obra literaria adaptada.

Criterios de evaluación

- Fidelidad a la obra original. Captura los temas, personajes y puntos clave de la trama.
- Creatividad y calidad. Creatividad en el diseño y viñetas bien presentadas.

- Coherencia Narrativa. La narrativa visual fluye de forma coherente y lógica. Comprensión de la obra original.
- Trabajo en Equipo y Colaboración. Coordinación y reparto de tareas.

Materiales necesarios

- Ejemplares de la obra para adaptar a novela gráfica.
- Materiales de arte: lápices, papel, goma de borrar, marcadores u otros materiales para dibujar y colorear viñetas.
- Ordenador o tabletas (si se elige diseñar las viñetas de forma digital para lo que se necesitan también dispositivos con software de diseño gráfico).
- Libros y recursos sobre novelas gráficas.
- Espacio para trabajar. Mesas grandes o áreas de trabajo amplias y diáfanas.

Este proyecto ofrece una experiencia educativa integral que combina literatura, arte y expresión creativa, proporcionando a los estudiantes una oportunidad única para explorar la narrativa desde una perspectiva visual y participar activamente en el proceso creativo.

Rúbrica de evaluación de palabras en viñeta.

CRITERIO	EXCELENTE	BUENO	SUFICIENTE	INSUFICIENTE
Comprensión del texto original	Demuestra comprensión profunda del tema, personajes y trama del texto original. Se reflejan los elementos principales sin perder detalles importantes.	Demuestra comprensión acusada del texto con algunos detalles menores omitidos pero los principales están presentes.	Muestra una comprensión superficial del texto original. Algunos aspectos claves se omiten o se confunden.	No hay evidencia de comprensión del texto original. Los personajes, trama o temas se presentan de manera incompleta.
Adaptación narrativa	La adaptación fluye de manera clara y natural. Se sigue una secuencia lógica.	La adaptación sigue una secuencia lógica aunque puede haber pequeños problemas de flujo.	La narración es algo desorganizada o confusa en partes.	La narración es confusa y desorganizada. La secuencia de eventos no es clara y afecta a la comprensión.
Creatividad en la representación visual	Uso muy creativo de imágenes, colores, expresiones y diseño gráfico que complementan y enriquecen la narrativa.	Buen uso de los recursos visuales. La imagen es adecuada pero podría ser más creativa o expresiva.	El uso de recursos visuales es limitado o estándar. Las imágenes no siempre complementan o refuerzan la narrativa.	Las imágenes son mínimas o poco relacionadas con la historia. No hay un esfuerzo visual o claro para apoyar la narrativa.
Diálogo y texto	Los diálogos son auténticos, naturales y se ajustan con precisión a los personajes. Texto bien ubicado en la página y fácil de leer. La escritura respeta las normas de ortografía.	Los diálogos son adecuados pero podrían reflejar mejor a los personajes. La ubicación del texto es clara aunque podría mejorar. La escritura presenta una o dos faltas de ortografía.	Los diálogos son forzados o no coinciden bien con los personajes. El texto es algo confuso o está mal ubicado en la página. La escritura presenta más de dos faltas de ortografía.	Los diálogos son inadecuados o no se entienden. El texto está mal colocado, no es claro o es ilegible. La escritura no respeta las normas de ortografía.

Estructura y forma de novela gráfica	Se respeta el formato de novela gráfica con uso efectivo de viñetas, diálogos y narraciones.	Se respeta el formato de novela gráfica aunque algunas viñetas, diálogos y narraciones podrían estar mejor organizados.	El formato de novela gráfica está aplicado de forma incompleta o desordenada. Las viñetas y cuadros no siempre están claros.	No sigue adecuadamente el formato de novela gráfica. Las viñetas, diálogos y narraciones son confusas o inexistentes.
Esfuerzo y dedicación	El trabajo muestra un alto nivel de esfuerzo y dedicación.	El trabajo muestra esfuerzo pero podría haberse pulido más en ciertos aspectos.	El trabajo muestra un esfuerzo mínimo y podría haber sido mucho más elaborado.	No hay evidencia de esfuerzo en el trabajo. Parece hecho con prisa o sin interés.

Rúbrica de Evaluación: Booktrailer Literario

8

Digitalización segura

La alfabetización mediática es tan importante para los jóvenes como la alfabetización más tradicional que los capacita para leer la letra impresa.

—David Buckingham

Cualquier docente que trabaja con las TICEs sabe de la importancia de la digitalización segura en el contexto educativo. La tecnología se ha convertido en una herramienta esencial para el aprendizaje y la enseñanza en la era moderna, brindando acceso a recursos educativos en línea, plataformas de aprendizaje y herramientas colaborativas que enriquecen la experiencia educativa. Sin embargo, también ha generado olas de detractores que cuestionan los riesgos y amenazas en línea que puede provocar su uso.

Esta realidad ha llevado a que se cuestionen muchísimo las ventajas y desventajas de la educación bañada en tecnología. Tenemos claro que lo fundamental es que los estudiantes se muevan en un entorno digital seguro puesto que les permitirá explorar y aprender de manera segura, sin temor a la exposición a contenido inapropiado o a la manipulación cibernética. Además, la digitalización segura fomenta el desarrollo de habilidades digitales responsables, enseñando a los estudiantes sobre la importancia de proteger su información personal, navegar de manera segura por internet y discernir entre fuentes confiables y no confiables en línea.

Debemos, como docentes, conocer los peligros que conlleva la digitalización en el aula para poder abordar con firmeza una respuesta educativa. El @Profe_Ramon lo explicaba muy bien en unas conferencias a las que asistí hace unos años. La *distracción* es uno de los principales riesgos, ya que los estudiantes pueden desviarse fácilmente hacia contenido no relacionado con la tarea en cuestión, reduciendo su atención y productividad. Además, explicaba que el *tiempo* puede ser mal gestionado debido a la facilidad de acceso a plataformas de entretenimiento y redes sociales, lo que podría interferir con el tiempo dedicado al aprendizaje. El *uso excesivo* de las TIC puede llevar, según él, a una dependencia poco saludable de la tecnología, lo que podría afectar negativamente a los alumnos en las habilidades sociales y la interacción humana. Destacaba también que la *deshumanización* es un riesgo real cuando la tecnología reemplaza el contacto cara a cara y la comunicación interpersonal significativa. Otro riesgo al que se enfrentan nuestros alumnos es *la exposición a información engañosa* o falsa en línea, lo que puede afectar la comprensión y la veracidad de los conocimientos adquiridos.

Los profesores de Lengua Castellana y Literatura contamos con un as en los Currículos de Educación Secundaria Obligatoria y de Bachillerato porque en ellos se recoge como Saber Básico la alfabetización mediática e informacional. A través de nuestra materia, proporcionamos al alumnado un espacio privilegiado para desarrollar las habilidades lingüísticas, críticas y analíticas necesarias para navegar con éxito en el mundo digital y mediático actual. Al promover una comprensión profunda del lenguaje y la comunicación, esta asignatura contribuye significativamente a la formación de ciudadanos informados, críticos y éticos en la sociedad contemporánea.

Para mitigar los riesgos a los que nos hemos referido, es fundamental promover un uso responsable y equilibrado de las TIC en el aula. Esto incluye no solo establecer límites claros sobre el tiempo de pantalla o enseñar habilidades de alfabetización digital, sino también, fomentar el pensamiento crítico para evaluar la información en línea. Además, es importante enfatizar la importancia de las relaciones humanas y el contacto cara a cara, incluso en un mundo cada vez más digitalizado. Recomiendo siempre que se aborden estos peligros de manera proactiva para aprovechar al máximo las TIC como herramientas poderosas para el aprendizaje y el crecimiento personal.

La gran cuestión es: ¿cómo lo hacemos? Se debe establecer una relación fuerte de equipo entre familias, profesores y el centro educativo con el fin de mitigar el impacto negativo que puedan tener en el alumnado. Cada uno tiene un rol que debe cumplir para alcanzar ese éxito conjunto. Las familias son fundamentales porque pueden proporcionar orientación y supervisión en el uso de la tecnología en el hogar, estableciendo límites saludables y fomentando hábitos de uso responsables. Además, al estar más familiarizados con las actividades y comportamientos en línea de sus hijos, pueden identificar posibles problemas o signos de peligro y comunicarse eficazmente con los profesores y el centro educativo. Para ello, tienen a su disposición herramientas de control parental tales como *Google Family link* o *Apple tiempo de uso* de instalación sencillos. Para centros educativos, también es muy interesante el servicio web de gestión integral *IMT Lazarus*. Es ideal para supervisar y controlar los dispositivos, pero también porque proporciona información del estado de los mismos al profesorado y las familias.

Los profesores, como guías en el aula, tienen la responsabilidad de educar a los estudiantes sobre el uso seguro y responsable de la tecnología. Esto implica enseñar habilidades de alfabetización digital, como ya me he referido, promover la conciencia sobre los riesgos en línea y ofrecer orientación sobre cómo navegar de manera segura por el mundo digital. También pueden colaborar estrechamente con las familias para proporcionar información y recursos sobre el uso adecuado de las TIC. Hay webs que os recomiendo porque recogen gran cantidad de recursos educativos para trabajar en el aula y merecen ser reseñadas. **Pantallas amigas**, https://www.pantallasamigas.net/, como ellos mismos destacan, nacen *por un uso seguro y saludable de internet, redes sociales, móviles y videojuegos. Por una ciudadanía digital responsable*, o **Incibe**, https://www.incibe.es/, que es el Instituto Nacional de Ciberseguridad. Este último cuenta con un espacio dedicado a los menores, https://www.incibe.es/menores/, **Internet segura for kids (is4k)** en la que *ofrece servicios de ciberseguridad orientados a fomentar el uso seguro de las tecnologías por parte de los menores, educadores y familiar.*

Por último, el centro educativo desempeña un papel crucial al establecer políticas y procedimientos claros relacionados con el uso de la tecnología en el entorno escolar. Esto puede incluir la implementación de filtros de contenido, la capacitación del personal en seguridad cibernética y la promoción de una cultura escolar que fomente el uso responsable de las TIC. La inclusión de todos estos aspectos en el marco normativo de los centros es una necesidad puesto que se debe adaptar la labor educativa a los retos de la sociedad actual para estar preparados ante posibles problemas que nazcan dentro de la comunidad educativa. Deben quedar reflejados en el Proyecto Educativo de Centro y en el Plan de Convivencia. A través del coordinador/a de convivencia y el coordinador/a de bienestar y protección se deben desarrollar actuaciones en el centro para trabajar la ciber convivencia. El Plan de Acción Tutorial es un aliado maravilloso para elaborarlas. Os recomiendo también visitar la web de **AEPD**, Agencia Española de Protección de Datos, https://www.aepd.es/infografias/responsabilidad-menores-padres-madres.pdf, porque recopila material informativo muy sencillo y accesible tanto para alumnos como familias. Sirva de ejemplo este enlace a una infografía sobre las responsabilidades de los y las menores (y de sus padres y madres) por los actos cometidos en Internet.

Os recomiendo encarecidamente leer y conocer el *Informe del comité de personas expertas para el desarrollo de un entorno digital seguro para la juventud y la infancia* publicado el 3 de diciembre de 2024. El Ministerio de Juventud e Infancia busca impulsar una Estrategia Nacional de entornos digitales seguros. 50 expertas y expertos han trabajado en este documento que sitúa a España en la vanguardia internacional. Son ciento siete recomendaciones a corto, medio y largo plazo sobre la exposición a los dispositivos móviles en niños y adolescentes puesto que atiende a la edad de los mismos para la clasificación de esas propuestas.

Para concluir, al trabajar en equipo y con roles establecidos, las familias, los profesores y el centro educativo pueden colaborar de manera efectiva para abordar los peligros de las TIC en la educación y proteger el bienestar de los estudiantes en el mundo digital. La comunicación abierta, la colaboración y el apoyo mutuo son fundamentales para mitigar los riesgos y promover un entorno de aprendizaje seguro y positivo.

9

Uso educativo de la Inteligencia Artificial

La digitalización segura que hemos analizado en el capítulo anterior no se concibe en nuestros días sin que vaya unida de la mano de la inteligencia artificial (IA) o el uso de Chat GPT desde que en 2022 se dio a conocer entre el público mayoritario. Su crecimiento ha sido el más rápido en la historia de una aplicación. Es capaz de emular las capacidades humanas generando textos, imágenes, vídeo, música…

La UNESCO en junio de 2023 dio la señal de alarma ante la rapidez de su uso en el ámbito educativo. Según señalaba en la edición de ese mismo año del Informe de seguimiento de la educación en el mundo *estas nuevas herramientas pueden revelarse como algo precioso para proporcionar un apoyo personalizado a los alumnos, sobre todo, a los que tienen alguna discapacidad o viven en zonas alejadas. Pero también plantean la cuestión de la brecha digital, la confidencialidad de datos y la preponderancia de los grandes grupos mundiales en este sector. Y por el momento no existen garantías.*

El sector educativo no estaba preparado para la revolución que ha supuesto. De ahí que el uso de IA por los estudiantes plantee desafíos nuevos para los profesores que hasta ahora no habían tenido que ser debatidos tales como el alto riesgo de plagio, la dificultad para evaluar habilidades auténticas y el impacto en competencias fundamentales como son la escritura y el pensamiento crítico. Además, hay que sumar la falta de familiaridad con la tecnología por parte del profesorado y las brechas de acceso que pueden generar desigualdades entre el alumnado. Todo esto provoca una sobrecarga del trabajo docente que precisa rediseñar las formas de evaluación empleadas hasta ahora ante los obstáculos nuevos que se generan.

La UNESCO propone los siguientes siete pasos para regular la IA Generativa en educación que me gustaría describir brevemente:

Paso 1: Adscribirse a regulaciones generales de protección de datos internacionales o regionales, o desarrollar normativas nacionales.

El entrenamiento de modelos de IA generativa (IAGen) plantea riesgos para la protección de datos debido al uso de información personal sin consentimiento. Aunque 137 de 194 países cuentan con legislación para salvaguardar la privacidad, como el GDPR en la UE, su aplicación efectiva sigue siendo incierta. Es crucial garantizar el cumplimiento de estas normativas mediante monitoreo regular y que los países sin leyes de protección de datos desarrollen marcos legales adecuados.

Paso 2: Adoptar/revisar y financiar estrategias sobre IA para todo el sector gubernamental.

La regulación de la IA generativa debe integrarse en estrategias nacionales de IA que garanticen su uso seguro y equitativo en sectores clave como la educación. Estas estrategias requieren un enfoque intergubernamental para coordinar acciones intersectoriales. Aunque 67 países ya han desarrollado o planificado estrategias nacionales de IA, ninguna aborda específicamente la IA generativa. Es crucial revisar o desarrollar estas estrategias para incluir regulaciones éticas aplicables a todos los sectores.

Paso 3: Consolidar e implementar normativas específicas sobre la ética de la IA.

La UNESCO señala que solo unos 20 países tienen normativas claras sobre la ética de la IA, a pesar de que unas 40 estrategias nacionales identifican principios éticos, los cuales rara vez se traducen en leyes obligatorias. Aunque la educación aparece en 45 estrategias nacionales de IA, suele enfocarse en el desarrollo de habilidades y talentos para la competitividad, dejando en segundo plano las cuestiones éticas. Es crucial que los países sin regulaciones sobre ética en IA las formulen y apliquen con urgencia.

Paso 4: Adaptar o hacer cumplir las leyes de derechos de autor existentes para regular los contenidos generados por IA.

El uso de la IA generativa plantea desafíos para los derechos de autor, relacionados tanto con los contenidos utilizados para entrenar los modelos como con los resultados generados. Actualmente, solo China, la UE y EE. UU. han adaptado su legislación a estas implicaciones. En EE. UU., se dictaminó que los resultados de la IA no están protegidos por derechos de autor, ya que estos solo aplican a material creado por humanos. La Unión Europea y China están adaptando sus normativas para regular el uso de IA generativa respecto a los derechos de autor. La UE exige que los desarrolladores revelen los materiales protegidos utilizados, mientras que China requiere etiquetar los resultados como contenido generado por IA y los define como síntesis digital. Estas normativas destacan la necesidad urgente de actualizar las leyes para regular tanto el uso de materiales protegidos como el estatus legal de los resultados generados por IA.

Paso 5: Elaborar marcos regulatorios sobre la IA generativa

El rápido desarrollo de la IA obliga a los gobiernos a actualizar sus legislaciones, pero hasta julio de 2023, solo China ha promulgado regulaciones específicas sobre IA generativa. Su normativa exige etiquetar adecuadamente los contenidos generados por IA según las leyes vigentes. Es esencial que más países desarrollen marcos regulatorios específicos para la IA generativa, basados en la evaluación de vacíos en las regulaciones existentes.

Paso 6: Construir capacidades para el uso adecuado de la IAGen en educación e investigación.

Las instituciones educativas deben desarrollar capacidades para comprender los beneficios y riesgos de la IA, incluyendo la IA generativa, y apoyar a docentes e investigadores con formación continua para su uso adecuado. Países como Singapur ya implementan programas de desarrollo de capacidades, como una plataforma gubernamental de IA en la nube con recursos específicos para instituciones educativas.

Paso 7: Reflexionar sobre las implicancias a largo plazo de la IAGen para la educación y la investigación.

El impacto de la IA generativa en la educación aún no se comprende plenamente, mientras que versiones más avanzadas siguen desarrollándose. Persisten preguntas clave sobre sus implicancias en la enseñanza, el aprendizaje, la evaluación curricular, la investigación y los derechos de autor. Aunque la adopción de la IAGen en la educación está en etapas iniciales, sus efectos a largo plazo son desconocidos. Es urgente promover debates públicos inclusivos con gobiernos, el sector privado y otros actores para actualizar normativas y garantizar un uso de la IA centrado en el ser humano.

Además, es necesario destacar el documento Inteligencia artificial y educación: guía para las personas a cargo de formular políticas (UNESCO, 2022) que propone las siguientes ocho medidas específicas para la planificación de políticas sobre IAGen en la educación y la investigación:

- Promover la inclusión, la equidad y la diversidad lingüística y cultural.
- Proteger la acción humana
- Monitorear y validar los sistemas de IAGen para la educación
- Desarrollar competencias en IA, incluyendo habilidades de IAGen para los estudiantes
- Desarrollar las capacidades de docentes e investigadores para hacer un uso adecuado de IAGen
- Promover opiniones diversas y la expresión plural de ideas Testear localmente modelos de aplicaciones relevantes y crear una base acumulativa de evidencias
- Considerar las implicancias a largo plazo, de forma intersectorial e interdisciplinaria.

Cuando se lanzó *ChatGPT*, muchos docentes temieron que pudiera facilitar el plagio estudiantil. Sin embargo, universidades y expertos ahora reconocen que estas herramientas están aquí para quedarse y pueden aportar beneficios en educación, como generar ideas, ejemplos, planes de clase o resúmenes. Aunque surgen constantemente nuevos usos, aún se debate su impacto en la enseñanza, aprendizaje e investigación, con preocupaciones sobre ética y necesidades reales.

También pueden ser útiles para alumnos con discapacidades auditivas o visuales ya que generan subtítulos para personas sordas, descripciones de audio para personas con deficiencias visuales, y convertir texto en habla o habla en texto, facilitando el acceso al contenido y la comunicación entre estudiantes. O incluso, las herramientas de IA pueden ayudar a los estudiantes de lenguas minoritarias a comunicarse mejor y colaborar con compañeros de diferentes orígenes lingüísticos, ofreciendo traducciones, paráfrasis y correcciones en tiempo real.

En conclusión, la IA está en constante evolución y se espera que afecte significativamente a la educación y a la investigación, aunque aún no se comprenden completamente. Por lo tanto, es crucial abordar y revisar sus posibles efectos a largo plazo en estos ámbitos de manera urgente.

10.

Fomento de la lectura

Sin detenerme en demasía, me parecía importante destacar la necesidad de trabajar en el fomento de la lectura. Se constituye como un pilar fundamental en la educación y en el desarrollo personal de los estudiantes. Más allá de ser una actividad académica, la lectura aporta muchísimos beneficios: estimula la imaginación, enriquece el vocabulario, mejora la comprensión lectora y promueve el pensamiento crítico. Además, cultivar el hábito de la lectura desde la infancia hasta la adolescencia contribuye a un mayor éxito académico y profesional en el futuro.

En el ámbito educativo de Secundaria, el fomento de la lectura adquiere una importancia aún mayor. Durante esta etapa crucial de desarrollo, los estudiantes están en un momento clave para consolidar sus habilidades de lectura y consolidar su identidad como lectores. En el Artículo 16 del Decreto n.º 235/2022, de 7 de diciembre, por el que se establece la ordenación y el currículo de la Educación Secundaria Obligatoria en la Comunidad Autónoma de la Región de Murcia, se recoge "se fomentará la correcta expresión oral y escrita. A fin de promover el hábito de la lectura, se dedicará un tiempo a la misma en la práctica docente de todas las materias. Los centros docentes establecerán un Plan de lectura, que se recogerá en el proyecto educativo, dirigido a la mejora de la comprensión lectora y al fomento de la lectura y la alfabetización en diversos medios, tecnologías y lenguajes". Por lo tanto, los docentes debemos ofrecer oportunidades significativas y motivadoras para que los estudiantes se involucren con la lectura.

Las propuestas presentadas en esta guía integran este fomento de la lectura desde la materia de Lengua Castellana y Literatura. Sin embargo, es importante recordar que todos los centros educativos incluyen en su Programación General Anual un Plan de Fomento a la Lectura transversal a todas las materias con actividades heterogéneas diseñadas por el coordinador encargado de este plan. Si estáis en dicha situación, podéis añadir algunos de estos proyectos en vuestro Plan de Lectura para plantearlos como concursos o actividades encuadradas en efemérides, semanas culturales o temáticas… Tan solo sustituyendo el libro de lectura trimestral, con el que he dicho que se iniciara el proyecto, por otro más afín a los objetivos propuestos por el centro, se consigue una versión más cercana a nuestros intereses. Podemos enfocarlos para obras completas o fragmentos tanto de lengua como de literatura, aumentando exponencialmente sus posibilidades iniciales. Y, además, se pueden organizar para grupos completos o como actividad del departamento implicando a varios niveles y grupos diferentes. La secuenciación presentada en esta guía está diseñada para niveles concretos en los que he trabajado a lo largo de los cursos de Secundaria siguiendo una progresión ascendente con el objetivo de mejorar sus competencias, pero es muy flexible, se adapta fácilmente a nuestras necesidades. Es solo un apoyo o sugerencia sin mayor pretensión que ayudar a aquellos docentes que se inician en el mundo educativo digital.

Conclusión

Si has llegado hasta aquí es porque he conseguido despertar tu interés por este reto que supone el trabajar la lectura trimestral con el alumnado de una forma más llamativa y creativa. He abordado con determinación los desafíos que plantea la lectura trimestral en el ámbito educativo, desarrollando una amplia gama de proyectos tanto digitales como tradicionales para fortalecer la comprensión lectora de nuestros estudiantes. Desde la creación de novelas gráficas hasta la elaboración de *pódcast* literarios, pasando por la realización de videorreseñas y proyectos interdisciplinarios como el *caviardage* de poemas, he demostrado un compromiso inquebrantable con la promoción de la lectura como una actividad enriquecedora y transformadora. Cada proyecto es una oportunidad para potenciar la creatividad, el pensamiento crítico y la expresión personal de los estudiantes, mientras exploran el mundo fascinante de la literatura desde diversas perspectivas. Con la implementación de estos proyectos, se crea un entorno educativo estimulante donde la lectura se convierte en una experiencia vibrante y significativa para ellos.

Sin embargo, es importante recordar que no existe una solución única para abordar los desafíos de la lectura trimestral. La combinación de enfoques digitales y tradicionales nos permite adaptarnos a las necesidades y preferencias de cada estudiante, así como a las demandas de un mundo en constante cambio. Esta guía es solo un botón de muestra de todo lo que puede hacerse con el alumnado. Hay que atreverse a probar, crear y experimentar con los alumnos. Siempre nos sorprenden. Proyectos que un año funcionan increíblemente bien, al curso siguiente pueden resultar verdaderos desastres. Lo importante es caminar en esta dirección y ajustarlos a las necesidades que tengamos según el perfil de nuestro alumnado.

En conclusión, como educadores, nuestro compromiso con el fomento de la lectura debe seguir siendo constante y dinámico. Debemos estar abiertos a la innovación y la experimentación, buscando siempre nuevas formas de inspirar a nuestros estudiantes a explorar el mundo a través de la lectura.

Bibliografía

Alcalde, I., (2014). *Docentes del siglo XXI: retos y habilidades clave*. Disponible en: https://ignasialcalde.es/docentes-del-siglo-xxi-retos-y-habilidades-clave/.

Calvino, I., (2015). *¿Por qué leer a los clásicos?* Siruela.

Davini, M. C., (2008), *Métodos de enseñanza: didáctica general para maestros y profesores*. Santillana.

Kirschner, P. A. y De Bruyckere, P., (2017), "The myths of the digital native and the multitasker". Teaching and teacher education. volumen 67, páginas 135-142.

Lacau, M. H., (1966). *Didáctica de la lectura creadora*. Kapelusz.

Ley Orgánica 2/2020, de 29 de diciembre, por la que se modifica la Ley Orgánica 2/2006, de 3 de mayo, de *Educación. Boletín Oficial del Estado,* núm. 340, de 30 de diciembre de 2020.

López, N. (2019). *Leer, un verbo que no se puede imponer.* Disponible en: https://www.educaciontrespuntocero.com/noticias/nando-lopez-imponer-el-verbo-leer/

Rodríguez Galán, R. (2022, 8 de octubre). *Mucho más que escuela.* Conferencia. Murcia, España. [@Profe_RamonRg]

UNE, *Calidad de los materiales educativos digitales*, 71362.2020, https://www.une.org/encuentra-tu-norma/busca-tu-norma/norma?c=N0063263

UNESCO, 2022. *Inteligencia artificial y educación: guía para las personas a cargo de formular políticas*. París, UNESCO. Disponible en:

https://unesdoc.unesco.org/ark:/48223/pf0000379376

Ministerio de cultura y Deporte, *Plan de Fomento de la Lectura 2021/24*. Disponible en:

https://www.cultura.gob.es/pfl-2021-2024/presentacion/que-es-el-plan.html

Ministerio de Juventud e Infancia, *Informe del comité de personas expertas para el desarrollo de un entorno digital seguro para la juventud y la infancia*. Disponible en:
https://www.juventudeinfancia.gob.es/sites/default/files/infancia/comite_expertos/Informe%20del%20comit%C3%A9%20de%20personas%20expertas%20para%20el%20desarrollo%20de%20un%20entorno%20digital%20seguro%20para%20la%20juventud%20y%20la%20infancia.pdf

Blog de Lengua de Raquel Pelayo. Disponible en:

https://raquelpelayo.wordpress.com/2015/04/20/crea-un-booktrailer/

@lasdelengua. Disponible en:
https://www.instagram.com/lasdelengua?igsh=MWpqNm5pcnV5Z2sybA==

Títulos recomendados

Colección: Aprender a ser

ISBN: 978-84-330-3260-71

Páginas: 802

Encuadernación: Rústica

Formato : 15 x 21 cm

Edición: 1ª

Julio Gallego

Trastornos del aprendizaje

Estrategias y técnicas de intervención educativa

Cada trastorno –hiperactividad, inatención, dislexia, discalculia, trastorno de conducta, estado de ansiedad...– viene precedido de una explicación teórica del mismo y se señalan los principales instrumentos y/o test de evaluación que hay en el mercado para su diagnóstico. También se ofrecen actividades y técnicas para su tratamiento y mejora.

En definitiva, este libro puede resultar muy útil para los profesionales que traten estos trastornos de aprendizaje, en la medida en que tienen recogidos en un mismo texto los trastornos más importantes, su fundamentación teórica, los instrumentos para el diagnóstico y algunas opciones para la reeducación.

Aprender a ser

Director de la colección: Cruz Pérez

Últimos títulos publicados

El maestro atento. Gestión consciente del aula, por Luis López

Programa R E T O, Respeto, Empatía y Tolerancia. Actividades de educación emocional para niños de tres a doce años, por Eva Solaz

Educar en las redes sociales. Programa preventivo PRIRES, por José María Avilés

Una mirada femenina de la educación moral, por M. R. Buxarrais e I. Vilafranca (Coords.)

¡Juguemos a sentir! Una innovadora pedagogía a través de juegos didácticos de sensaciones, para desarrollar y armonizar las dos áreas del cerebro del niño: la que piensa y la que siente, por Carles Bayod Serafini

Escuelas que meditan. Cómo programar mindfulness en los centros educativos, por Luis López Gonzalez

La enseñanza basada en el apego. Crear un aula tribal, por Louis Cozolino

Alma de profesor, por María Rosa Espot y Jaime Nubiola

Mi diario de las emociones en clase, por Juan Lucas Onieva

Mi receta contra el acoso escolar, por Raúl Rodrigo Rubio

Encuentros con tu propia sabiduría. Semillas de sabiduría para nacer a ti mismo (su fruto es diferente para cada persona), por Carlos González Pérez

Mastermind. Técnicas para revolucionar el estudio y el aprendizaje, por F. Trombetta

La edad invisible. Crianza consciente en la primera infancia, por Joaquín Ortega

Niños felices, alumnos capaces. Ideas de enriquecimiento para alumnos con Altas Capacidades Intelectuales, por Inmaculada Espinosa Quintana

Emociones, todo un reto. Actividades de educación emocional basadas en el respeto, la empatía y la tolerancia para niños de doce a dieciséis años, por Eva Solaz Solaz

El Rincón de la Calma. Programa para la mejora de la Inteligencia Emocional y la Convivencia en Educación Primaria, por Juani Mesa Expósito

Cómo crear un clima de aula positivo. Actividades y técnicas de intervención, por Cruz Pérez Pérez, Carolina Asensi Cros

Manual práctico de mindfulness para el ámbito escolar, por Lorenzo Sánchez Ramos

Sembrando emociones. Programa RETO 0-3 años, por Eva Solaz

Los deberes escolares en el punto de mira, por B. Regueiro, A. Valle, P. A. Ruido

Educación emocional en la infancia. Cero a diez años, por José Antonio Sande

¿Qué hacemos con la educación? Desafíos del profesorado para una educación transformadora, por María Rosa Espot y Jaime Nubiola

Trastornos del aprendizaje. Estrategias y técnicas de intervención educativa, por Julio Gallego

Educar al lado. Hacia una educación experiencial centrada en la persona, por Tomeu Barceló